como montar e administrar

pousada

SENAC – SERVIÇO NACIONAL DE APRENDIZAGEM COMERCIAL
Presidente do Conselho Nacional: Antonio Oliveira Santos
Diretor-Geral do Departamento Nacional: Sidney Cunha
Diretor de Operações: Eladio Asensi Prado

Conselho Editorial: Eladio Asensi Prado
Léa Viveiros de Castro
Márcio Medalha Trigueiros
Arthur Bosisio Junior
Marília Pessoa

Editor: Marília Pessoa (mpessoa@senac.br)
Coordenação de Produção Editorial: Sonia Kritz (soniakritz@senac.br)

Supervisão Editorial: Silvia Marta Vieira
Consultoria Técnica: Silvia de Souza Costa
Redação: Silvia de Souza Costa, Margarida Autran e Silvia Marta Vieira
Acompanhamento Técnico-Pedagógico: Andrea Estrella
Entrevistas: Silvia de Souza Costa e Silvia Marta Vieira
Ilustrações: Walter Zollinger
Projeto Gráfico e Capa: Gerson Lessa
Diagramação: Claudia De Angelis C. Braga
Revisão: Selma Monteiro Correia
Produção Gráfica: Christiane Abbade

Atendimento ao Cliente: Vinicius Rodrigues Pereira (atendimentocpmi@senac.br)

SENAC. DN. **Pousada:** como montar e administrar. /Silvia de Souza Costa;
Margarida Autran; Silvia Marta Vieira. Rio de Janeiro: Senac Nacional,
2005. 112 p. Il. Inclui bibliografia.

ISBN 85-7458-114-3

Pousada; Administração; Hotelaria; Planejamento; Serviços; Custos; Projeto.

Ficha elaborada de acordo com as normas do SICS - Sistema de Informação e Conhecimento do Senac.

pousada

como montar e administrar

Nacional

Sumário

"Tem uma frase daquele filme 'Campo dos sonhos', com o Kevin Costner. Ele decide criar um time e construir um campo de beisebol num lugar onde antes havia uma plantação de milho. A quem duvidava do êxito de sua iniciativa, garantia: 'Construam que eles virão.' E eles foram. Isso eu falo desde o tempo em que a estrada era horrorosa e diziam para a gente: 'O lugar é lindo, mas todo mundo vai reclamar da estrada.' Mas eles vieram. E a estrada hoje é uma maravilha."

Deise, Tankamana, Itaipava, Petrópolis, RJ

O lado prático de uma boa idéia

A franca expansão do mercado hoteleiro tem estimulado muita gente a dispor de recursos e arregaçar as mangas para apostar em novos empreendimentos nesse segmento. Quando se fala em hotelaria, a primeira idéia que vem à cabeça é a dos grandes complexos de hospedagem, das construções arrojadas, com algumas dezenas de apartamentos e mordomias de todo tipo. Mas, por este Brasil afora, muito mais do que os grandes hotéis, o que cresce e se moderniza a passos largos é um negócio com um perfil mais tímido, mas não menos interessante e desafiador, que atende pelo nome de pousada.

De acordo com a classificação dos meios de hospedagem da Embratur (Instituto Brasileiro de Turismo), órgão do governo federal que, juntamente com a ABIH (Associação Brasileira da Indústria de Hotéis), é responsável pela normatização do sistema brasileiro de hospedagem, pousada é um estabelecimento situado em locais turísticos, fora dos centros urbanos, que recebe pessoas em viagens de recreação e lazer. Pode estar instalada ou não em um prédio de valor histórico ou de importância regional ou local. Tem estrutura administrativa familiar e, em função de seu pequeno porte, concede tratamento personalizado a seus hóspedes.

Tradicionalmente sabe-se que as pousadas são diferenciadas dos demais hotéis por serem instalações de porte reduzido, com cara de ambiente doméstico – uma espécie de casa com acomodações extras para os visitantes. Em função de seu jeito informal, raramente são incluídas no rol das empresas classificadas pelo sistema de estrelas, bastante comum entre os hotéis.

No entanto, as exigências da modernidade e dos consumidores têm motivado os pousadeiros a apostar em organização e qualidade. Das simples às mais sofisticadas, com muitas ou poucas unidades habitacionais, urbanas ou ecológicas... as possibilidades são infinitas. E, para começar a conversar, é preciso perceber que a pousada como negócio não tem nada de novo. Há pousadas tradicionais de gêneros variados, em todos os cantos do País e com tanto tempo de atividade que seus donos colecionam histórias para contar.

O que existe de novidade nessa área é a rápida multiplicação do número de estabelecimentos do gênero e a onda de profissionalização que atinge empreendimentos desta natureza. O improviso no atendimento parece estar com os dias contados e já não encontra lugar cativo nas pousadas.

Hoje, independentemente do porte do negócio, os donos de pousadas buscam incluir entre os atrativos de suas hospedagens uma marca de qualidade e profissionalismo. E essa é uma tarefa difícil, impossível de ser cumprida da noite para o dia. Fazer valer e praticar essa tal marca depende de muito empenho. E vários pousadeiros lançam mão de sua vivência pessoal e experiência profissional em áreas (na maioria das vezes) pouco relacionadas à hotelaria para tornar o empreendimento viável e atrair clientes.

Há poucas referências bibliográficas sobre administração de pousadas e são raros os guias de planejamento relacionados a esse tipo de assunto. A idéia de fazer este livro nasceu justamente da necessidade de reunir informações sobre o tema. Apurados os dados, o que se percebeu foi o surgimento de uma publicação que tem por objetivo trabalhar a questão da implantação e administração de pequenos negócios hoteleiros, reunindo o que há de mais atual nesta área. Através deste livro, será possível percorrer um roteiro de ações que visam a auxiliar o pousadeiro, ou seja, orientar aquele que pretende montar sua pousada e está começando da estaca zero. Pela forma como está estruturada, esta publicação se presta também a ajudar quem já possui uma pousada e quer modernizá-la ou a atualizar o empresário que arrenda um pequeno hotel e precisa melhorá-lo. Ou seja, o formato dinâmico do livro permite leituras variadas e tende a atrair públicos diversos.

Aspectos relacionados à transformação do sonho da pousada na realidade de um bom negócio, estudos de viabilidade econômica, pesquisa de mercado, escolha do público-alvo, divisão do espaço, construção, montagem de ambientes, compra de equipamentos, manutenção, divulgação, recepção dos hóspedes, contratação de pessoal, informatização, políticas ambientais e muitos outros temas estão tratados neste livro. Cada passo é descrito e ilustrado com depoimentos de pousadeiros experientes, que falam sobre seus respectivos processos administrativos e apontam, em entrevistas, os melhores caminhos para levar uma pousada ao sucesso.

As entrevistas

Nas conversas com proprietários de pousadas, alguns pontos chamaram a atenção, por serem comuns a quase todos eles. A maioria tem em torno de 40 anos de idade e mais de 10 anos de experiência no ramo. A formação de cada um – em geral, completaram pelo menos o curso superior – nada tem a ver com hotelaria.

Os motivos que os levaram a se tornar pousadeiros variam muito. Praticamente todos são casados e tocam seus empreendimentos com os cônjuges. Dependendo do caso, a mulher ou o homem assume a frente do negócio, mas o parceiro sempre desempenha funções relevantes na empresa.

Também chama atenção a alegria com que falam de suas atividades, a felicidade com o trabalho que fazem e a paixão pelos locais onde vivem.

"Eu sempre adorei a região. Vinha nas férias, nos fins de semana. Quando surgiu a oportunidade, decidi arriscar. A gente vem sobreviver aqui, em busca de qualidade de vida, pra não ter que voltar para a cidade. Aí obviamente os negócios vão se encaminhando. Alguns têm mais, outros menos sucesso. Tem a variante competência, tem a variante trabalho."

Luís Alves, Olho d'Água, Maringá, Visconde de Mauá, RJ

"Foi uma opção minha de vida. Na verdade, queria uma vida melhor, num lugar mais tranqüilo, viver aqui mesmo. Eu adoro isso aqui."

Wisley Maciel, Capim Santo, Itaipava, Petrópolis, RJ

"A idéia de abrir a pousada surgiu como uma proposta de mudança pessoal em favor da qualidade de vida. Aproveitamos um imóvel da família, onde costumávamos veranear, para começar tudo."

Renato Sehn, Ilha do Papagaio, Palhoça, SC

Os pousadeiros são unânimes em dizer que os pequenos hotéis constituem uma boa opção de investimento e acreditam que ainda existe espaço para muitos empreendimentos do tipo. Mas todos concordam também que se trata de um investimento de longo prazo, que exige muito trabalho e dedicação. Não é, como imaginam alguns, garantia de uma aposentadoria antecipada, com a qual o dono de pousada pode contar, gastando apenas parte de seu tempo com supervisão esporádica do negócio e um par de ordens bem dadas.

"Na nossa região (Visconde de Mauá), não vejo nada saturado. Temos um espaço muito grande e os negócios são pequenos. O maior hotel daqui não tem 30 unidades habitacionais. Vejo espaço e perspectivas."

Luís Alves, Olho d'Água, Maringá, Visconde de Mauá, RJ

"Essa história de pousada se contrapõe a uma tendência geral de nossa sociedade, que é uma coisa de massificação, onde as pessoas se "despessoalizam". Na pousada, a pessoa está lidando diretamente com os donos, recebe uma atenção especial. As pessoas estão em busca disso."

Marco Antônio, Casa Bonita, Alto da Maromba, Visconde de Mauá, RJ

"Não é um investimento de curto prazo. Não se fica rico de uma hora para outra. É um projeto de médio para longo prazo."

Deise, Tankamana, Itaipava, Petrópolis, RJ

Foi possível constatar ainda que, além de não se arrependerem da opção que fizeram, os hoteleiros estão sempre cheios de planos para melhorar seus negócios e cheios de fé no futuro desse tipo de atividade.

"Há pouco, terminamos a sauna. Agora, estamos construindo mais dois chalés. Minha proposta é crescer até um certo número de unidades e, a partir daí, continuar crescendo em qualidade."

Luís Alves, Olho d'Água, Maringá, Visconde de Mauá, RJ

"Contratamos uma assessoria que está nos ajudando a administrar melhor. Mas é preciso perder o medo de mudar, o da gente e o dos empregados, porque mudanças sempre te deixam cheia de medos. No final das contas, 13 anos não são nada. A gente ainda tem muito que aprender. Qualquer coisa que você faça na vida, você tem que dar força, ter perseverança, porque senão não vai conseguir vencer."

Deise, Tankamana, Itaipava, Petrópolis, RJ

Com esses relatos cheios de ânimo é que se inicia a apresentação dos passos necessários à montagem do empreendimento – ou do que vai ser a nova pousada! Vamos a eles.

Do sonho à realidade

Primeiras definições

Administrar um pequeno negócio hoteleiro passou a ser o projeto de vida de muitos profissionais liberais ou mesmo de empregados graduados de importantes empresas. Do sonho à realidade, entretanto, há várias etapas a serem percorridas e, infelizmente, existe muito pouca informação sobre as principais dificuldades, os caminhos mais seguros e as inúmeras providências a serem tomadas. Para ajudar esses novos empreendedores, este livro traz os principais aspectos desse negócio.

Trata-se, sim, de um negócio, embora nem sempre seja este o ponto de partida para o empreendimento. Muitos pousadeiros dão mais ênfase a outros aspectos – como busca de qualidade de vida, guinada profissional, manutenção de herança familiar, etc. – do que propriamente à viabilidade econômico-financeira do empreendimento. Mas a verdade é que se não for também um bom negócio todas as outras intenções podem acabar frustradas.

Por isso, apresentamos inicialmente uma distinção entre os principais tipos de empreendimento:

1) pousadas pequenas, de até cinco unidades habitacionais (UHs), operadas por uma família com o auxílio de um ou dois funcionários, onde o mais importante é garantir a sobrevivência dos donos;

2) pousadas médias, de cinco a 20 unidades habitacionais, operadas pelos proprietários com uma equipe de funcionários, onde há preocupações com a gestão, o atendimento ao cliente, a lucratividade, o marketing, etc.

3) pousadas médias ou grandes, com 30 UHs ou mais, concebidas sobretudo como investimento e operadas em bases totalmente profissionais, com utilização de serviços de consultoria específicos para cada etapa da obra, metas e prazos de retorno do capital.

Neste livro, o foco vai estar na segunda alternativa, isto é, nas pousadas que buscam a profissionalização e uma melhor rentabilidade, mas que não dispõem de especialistas para orientá-las.

Antes do projeto

O perfil do empreendimento será obrigatoriamente dado pelo dono, que precisa definir o que quer antes de iniciar o projeto. As questões a serem analisadas são as mais variadas: número de unidades habitacionais (apartamentos ou chalés), serviços (refeições ou apenas café da manhã, etc.), características locais (praia, montanha, etc.), público-alvo, equipamentos, tipo de lazer a ser oferecido, entre várias outras coisas.

Abranger todo esse universo é uma tarefa difícil, mas vamos mencionar pelo menos os itens considerados imprescindíveis até mesmo para um pequeno hotel. Embora a idéia possa ser inicialmente pouco ambiciosa – digamos, começar com quatro ou cinco chalés, servindo apenas café da manhã e improvisando uma lavanderia/rouparia no antigo galpão de obras –, é preciso saber onde se quer chegar para conceber o projeto global. Depois, vai se executando aos poucos.

"Comprei o terreno e comecei a construir os chalés. Não tinha um projeto global de ocupação do terreno, coisa que deveria ter feito. É necessário esse plano de ocupação. Mas acho que dei sorte, pois hoje a área dos chalés tem uma harmonia, mesmo sem um projeto global. Recomendo vivamente a quem se animar, a quem quiser construir uma pousada, que faça um projeto detalhado, profundo, nos mínimos detalhes. Quanto mais tempo se gastar nesse projeto, na sua concepção, melhor. Isso representará economia de tempo e dinheiro lá adiante."

Marco Antônio, Casa Bonita, Alto da Maromba, Visconde de Mauá, RJ

O empreendimento, portanto, não deve ficar por conta da sorte, porque, da mesma forma que as coisas podem dar certo, o resultado pode ser um desastre. E, neste caso, o mais provável é que se tenha que gastar um bom dinheiro – e sabe lá quanto tempo – para corrigir os problemas. Quem já partiu para a execução sem um planejamento é o primeiro a advertir.

Em alguns casos, há um profissional envolvido no planejamento, mas que não acompanha o projeto até o final. Isso acontece tanto no caso de uma construção, quando se parte do zero, quanto nas reformas de antigos casarões.

"Meu filho, que é arquiteto, fez o plano geral da reforma, mas as minúcias ficaram por minha conta e de meu marido. E nós não sabíamos muitas coisas. Esses pequenos erros que cometemos atrapalham a gente a toda hora, por muitos anos. É uma parede que podia ficar um pouco mais para lá, o balcão da entrada que não está na melhor posição... Algumas coisas a gente vai consertando, mas outras dependem de obras e são mais difíceis."

D. Laura, Alcobaça, Corrêas, Petrópolis, RJ

Pesquisa de mercado

O ponto de partida para qualquer tipo de empreendimento deve ser sempre uma pesquisa de mercado, que vai fornecer as informações básicas sobre a demanda por hospedagem, a oferta disponível na região e a localização mais favorável para o empreendimento. Para avaliar a oferta, não tem muito mistério: basta circular um pouco e verificar o que oferecem os estabelecimentos existentes na região. No caso de ser o primeiro empreendimento instalado no local, os cuidados devem ser redobrados.

"A primeira coisa é fazer uma pesquisa de mercado. Segundo, dentro dessa pesquisa de mercado, fazer um estudo global da sazonalidade do movimento na região e buscar o nicho de mercado se pode explorar para cobrir essa sazonalidade. Outro aspecto importantíssimo: serviço. Serviço dentro da expectativa do cliente, qualquer que seja ele."

Wisley Maciel, gerente da Capim Santo, Itaipava, Petrópolis, RJ

Descobrir o que querem os hóspedes é uma tarefa um pouco mais complexa, pois no Brasil, mesmo nos locais turísticos já consolidados, raramente há dados relativos ao perfil dos visitantes e suas demandas. A saída é conversar com moradores, hoteleiros, donos de restaurantes e de estabelecimentos comerciais, para obter as chamadas informações indiretas.

Convém ainda, sempre que possível, conversar informalmente com os próprios turistas, ouvir seus elogios e – mais atentamente – suas queixas. Exceto em um caso ou outro, eles normalmente se dispõem a dar suas impressões, enquanto tentam obter dicas sobre a região para definir seus passeios e o que efetivamente vale a pena ser visitado.

Não se pode esquecer ainda que todos nós somos turistas em potencial ou já fomos em algumas ocasiões. Nossos amigos e parentes também. Portanto, pode-se pensar naquilo que se gostaria de encontrar em um hotel ou perguntar a nossos amigos o que esperam de uma pousada, o que gostariam de ter disponível, do que costumam sentir falta nos locais onde se hospedam.

Eu não tinha experiência em ser dona de pousada, mas tinha a de ser hóspede. O que mais me irritava era aquele café da manhã até 9 ou 10 horas. Aqui, o hóspede pode tomar café até 1h da tarde. Mas eu posso fazer isso porque tenho uma pousada pequena, num hotel grande não dá."

D. Laura, Alcobaça, Corrêas, Petrópolis, RJ

"As pessoas que vêm para cá querem tudo isso aqui, ver a natureza, ouvir os passarinhos, mas também querem chegar no chalé e ter o secador de cabelos, uma água quente gostosa, uma hidromassagem com sais... As pessoas gostam disso. É isso que elas querem: curtir a natureza, sem abrir mão do conforto. E é também um carinho, uma forma de mostrar nossa preocupação com o bem-estar delas."

Deise, Tankamana, Itaipava, Petrópolis, RJ

"Eu passei muito tempo viajando, trabalhava em comércio exterior. Conheci pequenos hotéis em muitos lugares do mundo. Sempre observava as minhas predileções, o que mais gostava, o que mais me atraía, o que me cativava, porque voltava para alguns hoteizinhos e não para outros. Procurei trazer essa experiência para cá."

Marco Antônio, Casa Bonita, Alto da Maromba, Visconde de Mauá, RJ

Sazonalidade

Outros aspectos a serem avaliados nessa pesquisa inicial são a sazonalidade do turismo na região escolhida e as alternativas existentes para compensar oscilações de freqüência dos hóspedes, caso haja esse interesse.

"Temos uma lotação média anual de 65%. Em termos de taxa de ocupação, esse número é bastante razoável. Na baixa temporada lançamos mão de recursos como preços menores e uma programação especial para atrair o turista. Nesse ponto a natureza nos dá uma ajudinha importante. É no inverno, por exemplo, que temos a presença das baleias da espécie franca, que vêm ter seus filhotes na costa brasileira. Elas acabam sendo um dos nossos principais atrativos. É uma felicidade tê-las aqui. Com frio e tudo, o turista vem à ilha para vê-las de perto."

Renato Sehn, Ilha do Papagaio, Palhoça, SC

Há casos de pequenos hoteleiros que se satisfazem ocupando seus estabelecimentos durante alguns períodos e não se incomodam com a ausência de hóspedes em outros. Acham até bom, pois descansam ou aproveitam para fazer suas próprias viagens.

Nas praias, claro, a alta estação, caracterizada pela elevada taxa de ocupação e procura intensa por vagas, é o verão. Mas, nesses mesmos locais, há sempre a possibilidade de trabalhar o turismo internacional durante a estação mais fria, já que o inverno brasileiro, comparado aos padrões europeus ou norte-americanos, tem temperaturas bastante amenas – especialmente no Nordeste. Os moradores do Sul do país também podem ser atraídos para as praias, durante o inverno.

Nas montanhas, o forte é o inverno, com suas baixas temperaturas, que favorecem os ambientes aconchegantes em torno da lareira, com vinhos e *fondues*. Muita gente, entretanto, gosta de ir para a serra justamente no verão para fugir do calor das grandes cidades e da algazarra das praias, que costumam ficar superpovoadas nesse período.

Há também o turismo quase que exclusivamente de fim de semana e feriadões, que sustenta muitas pousadas. Para melhorar a ocupação e a rentabilidade nas épocas fora de temporada, há alternativas como o turismo de negócios (convenções e reuniões de empresas ou grupos, geralmente realizados durante a semana), para a terceira idade – ou melhor idade – (para quem não faz diferença o dia da semana e que pode ser atraída com preços especiais) e mesmo para turistas em viagens de férias.

Nicho de mercado

Com base nessas primeiras avaliações, é possível começar a definir o segmento que se pretende atingir, ou seja, que tipo de hotel vai se implantar e que tipo de hóspede se pretende receber. Esses são os pontos de partida básicos para qualquer cálculo posterior de custos e de viabilidade econômico-financeira do empreendimento.

É com a definição desse público-alvo que serão tomadas várias decisões relativas ao projeto propriamente dito e, mais tarde, à estratégia de marketing a ser adotada.

"Levamos em conta alguns pontos. Primeiro: nosso hotel está situado numa ilha; segundo: tem pequena dimensão, é aconchegante; terceiro: nós e nossa equipe temos amplo envolvimento com o hóspede, que tem aqui um atendimento personalizado; quarto: há um rigor absoluto no que diz respeito à qualidade, estamos sempre de olho nessa questão. Por todos esses motivos, o público que recebemos é seleto,

exigente, o que nos leva a manter um elevado padrão de serviços. O hóspede particular responde por 83% da nossa clientela. Os grupos empresariais pelos 17% restantes."

Renato Sehn, Ilha do Papagaio, Palhoça, SC

"Esta é uma pousada de lazer. Temos uma bibliotecazinha em cima, na sala. Temos piscina, sauna, quadra de tênis, uma horta bem "jóia". Tem bastante lugar para andar, muito espaço, muita árvore para subir, terra para brincar, água correndo."

D. Laura, Alcobaça (que não atende grupos ou convenções), Corrêas, Petrópolis, RJ

"Esta era uma pousada de fim de semana. Comecei a fazer um trabalho de vendas, preparei um centro de convenções. É um trabalho que leva tempo, mas hoje 75% da minha receita vem de empresas. Nos fins de semana e feriados, recebemos clientes individuais, que são ótimos. Dão muito menos trabalho. Empresa é muito mais exigente."

Wisley Maciel, gerente da Capim Santo, Itaipava, Petrópolis, RJ

Se a escolha de público-alvo recair, por exemplo, em casais que vivem nas grandes cidades e que precisam esquecer o cotidiano por alguns dias para recuperar as energias, vai se fazer um determinado tipo de chalé ou apartamento: ambiente acolhedor, romântico, com lareira (no caso de montanhas) ou uma varandinha com rede, bem arejada (no caso de praia), sempre proporcionando total privacidade.

O atendimento de adultos requer competência, mas, quando as crianças entram na lista dos hóspedes, esse requisito é exigido em dobro. O mesmo raciocínio deve ser feito para a infra-estrutura, que precisa estar adequada e atraente para os pequenos freqüentadores da pousada. Pensando no trabalho e na necessidade de atendimento especial, muitos pousadeiros optam por não aceitar crianças em seus estabelecimentos.

*"Quem dá trabalho mesmo não é criança não, é gente mal-
educada. Eu faço comidinha de criança, mas não arrumo
'baby sitter'. Se eu fizer isso, daqui a pouco vai virar uma
escolinha. Mas gosto de criança, às vezes eu mesma cuido
um bocadinho."*

D. Laura, Alcobaça, Corrêas, Petrópolis, RJ

*"Recebemos gente de qualquer idade. Mas até entendo quem
prefere não receber crianças. É uma opção de mercado, pois
a grande procura na região é por parte de casais, que vêm
em busca de tranqüilidade e descanso."*

Marco Antônio, Casa Bonita, Alto da Maromba, Visconde de
Mauá, RJ

Uma vez decidida a inclusão de crianças no negócio, pode-se re-
forçar a idéia de tornar o programa de famílias – pais e filhos, podendo incluir ainda uma avó ou uma babá – o mais agradável possível, fazendo instalações especiais, com chalés de dois ou três quartos ou apartamentos conjugados, com comunicação interna. Programa agradável também pressupõe a existência de condições ade-
quadas de segurança para a criançada. Numa pousada, esse fator
pode ser medido pela quantidade de redes ou telas colocadas nas
janelas mais altas; atenção especial com a piscina e as reservas
d'água (se houver rios, lagos, cachoeiras, etc.), com adoção de bóias,
cordões de isolamento, acesso controlado; convênio para atendimento médico emergencial; e alimentação muito bem cuidada.

Para atendimento desta última condição, um restaurante que sir-
va as três refeições – café da manhã, almoço e jantar – pode ser
imprescindível, bem como algumas opções de lazer dentro do próprio hotel: sala de jogos ou de TV, parquinho infantil ou passeios
de charrete.

*"A partir de um certo momento, resolvi servir as três refeições.
Começamos meio que obrigados porque o restaurante de
comida mais cuidada ficava a uns 3 km daqui. Surgiu como
necessidade, mas hoje é uma atração da pousada."*

Marco Antônio, Casa Bonita, Alto da Maromba, Visconde de
Mauá, RJ

Quando o cliente principal da pousada é o jovem, o grau de exigência tende a ser menos rigoroso em alguns aspectos, como atendimento e decoração, porém vai demandar outros benefícios durante o período de hospedagem, como quadras esportivas, uma boa lanchonete e, se possível, um espaço para dançar à noite. Já a terceira idade gosta de conforto, abomina escadas e quer um ambiente adequado para confraternizar com outros hóspedes, fazer novos amigos ou jogar cartas.

Além da faixa etária, outros critérios devem ser levados em conta no momento da definição do cliente ou público-alvo da pousada. São eles: perfil profissional, estado civil, faixa de renda e local de residência. Isso é só para começar e garantir referências básicas durante a instalação da pousada. Aos poucos, à medida que o negócio for se desenvolvendo, outras características dos hóspedes podem ser registradas como forma de aprimorar o serviço e o atendimento oferecidos.

Se eu fosse definir o perfil do nosso hóspede mais habitual, diria que tem idade entre 30 e 50 anos, na maioria das vezes viaja acompanhado, dispõe de certa estabilidade profissional, é paulista e chegado num turismo aventura. Os cariocas estão nos descobrindo agora. No segundo semestre, especialmente nos meses de agosto, setembro e outubro (verão na Europa), temos um movimento bem razoável de estrangeiros. Muitos são biólogos, ecologistas ou desempenham atividades correlatas e chegam até aqui para descansar e descobrir novidades relacionadas ao próprio trabalho. Temos que estar preparados para essa demanda, em termos de lazer e de infra-estrutura.

Jane Eyre Valsecchhi Tatoni, Olho d'Água, Bonito, MS

O que se conclui, portanto, é que, ao responder à pergunta 'quem é o hóspede', fica bem mais fácil definir o tipo de pousada a ser construída, sua estrutura e seus equipamentos. Vale a pena gastar algumas semanas meditando sobre o assunto, pois esse tempo será recuperado lá na frente. Mais importante: a clareza nesse sentido proporcionará objetividade no projeto e na construção, evitando gastos que, mais tarde, poderão se revelar um desperdício.

Localização

A escolha do local é uma questão que não se aplica a quem vai reformar o hotel, mas que tem grande importância para quem começa do zero. De nada adiantam todos os cuidados mencionados anteriormente, se o produto (no caso, a pousada) que se pretende vender não tiver qualidade e, menos ainda, se o local não for um bom destino turístico.

"Acho que foi fundamental para o sucesso da pousada, em primeiro lugar, a localização. Eu não inventei a região. Eu construí a pousada numa região que já tinha um nome, que era relativamente conhecida. Segundo: além de ser conhecida, é uma região muito especial, em função da natureza, do clima. Esses pontos acho básicos para você ter sucesso, mas eles não garantem o sucesso."

Marco Antônio, Casa Bonita, Alto da Maromba, Visconde de Mauá, RJ

Um aspecto favorece igualmente todos os que investirem em turismo e/ou hotelaria no Brasil: o país dispõe de uma natureza exuberante, de uma das mais ricas biodiversidades do planeta, de uma grande variedade climática e cultural, além de um patrimônio histórico respeitável.

Esse potencial turístico vem atraindo para o setor não apenas investidores locais, mas também grandes grupos internacionais. O fundamental é escolher um lugar que ofereça boas perspectivas como mercado turístico e que permita ao pousadeiro (ou candidato a) ter a vida que está almejando. Praia e montanha são as opções mais escolhidas e, por isso, este livro vai tratar com mais detalhes dessas duas alternativas.

Normalmente, o investimento é um pouco menor na praia, pois o acabamento dos chalés pode ser mais simples. Na montanha, convém fazer um isolamento térmico no telhado, o sistema de aquecimento da água precisa ser impecável, uma lareira é indispensável e, em muitos casos, o clima exige até mesmo a adoção de um sistema de calefação.

De preferência, a escolha da região que vai sediar o empreendimento deve recair sobre uma localidade já conhecida, onde se tenha amigos ou pessoas de confiança, capazes de alertar para as armadilhas existentes mesmo nos mais recônditos confins do País. Essa história de que os moradores do interior ou de remotas aldeias à beira-mar são todos matutos que se deslumbram com a possibilidade de ganhar alguns tostões vendendo um pedaço de terra não é verdadeira.

Tem muita gente boa, curtida na batalha diária das grandes metrópoles, comprando gato por lebre das mãos de pessoas com jeito inocente. As histórias são muitas: um terreno maravilhoso onde não chega luz nem água nem telefone, que exige a construção de uma ponte para permitir o acesso de automóveis, que vira um brejo na época as chuvas, etc.

Convém sempre olhar duas ou três vezes o local, se possível em diferentes épocas do ano (ao menos, nas chuvas e na seca), conversar com moradores das redondezas para conhecer as histórias da região e da área cobiçada. No caso de arrendamento, é necessário um cuidado especial: saber por que os antigos arrendatários deixaram o estabelecimento – pode ter sido incompetência administrativa, simples vontade de mudar de rumo na vida ou mesmo uma localização desfavorável para esse tipo de atividade.

É preciso levar em conta ainda o real interesse turístico da região e a oferta de meios de hospedagem. Pode ser um lugar apaixonante aos olhos do entusiasmado empreendedor, mas que não reúne condições mínimas de acesso ou infra-estrutura e que só vai atrair um número significativo de turistas dentro de muitos anos, se isso algum dia vier a acontecer.

Tudo depende do hoteleiro e das opções que gradativamente ele vier a fazer. Paciência, uma certa frieza e muita conversa são essenciais para quem pretende fazer de uma pousada um negócio rentável.

Infra-estrutura

Uma vez convencido de que uma determinada localidade preenche os seus requisitos básicos, tanto em termos pessoais quanto de negócios (e, preferencialmente, antes de tomar a decisão final de compra ou arrendamento ou construção), é preciso analisar ainda as facilidades objetivas para a instalação da pousada, isto é, condições de infra-estrutura.

Em algumas áreas rurais, por exemplo, não basta pedir a ligação da luz. É preciso comprar um poste, um transformador, a fiação para levar a energia até o local desejado, fazer um bom aterramento, instalar pára-raios, etc. E, às vezes, nem isso adianta. De qualquer modo, tudo envolve custos que precisam ser levados em consideração.

"A pousada funcionou sem energia elétrica durante três anos. Telefone, só no armazém da vila. Todos os pousadeiros iam para lá na sexta-feira, pois havia uma pessoa em Resende que centralizava as reservas. A gente passava o dia na fila para conseguir falar com ela."

Marco Antônio, Casa Bonita, Alto da Maromba, Visconde de Mauá, RJ

Por isso, antes de partir para o projeto de construção, é bom fazer um levantamento da infra-estrutura disponível, para tomar as decisões mais convenientes e, especialmente, para não contar com facilidades que podem não estar ao alcance num primeiro momento. Quem vive nos grandes centros está acostumado a ter por perto determinados recursos que parecem corriqueiros, mas que ainda não chegaram a muitos lugares do interior.

Além disso, mudanças no cenário macroeconômico podem interferir em projetos encomendados. Um exemplo recente é a crise de energia que atingiu o país em 2001 e que mudou alguns parâmetros na análise da relação custo/benefício de qualquer empreendimento.

Até pouco tempo atrás, a opção óbvia era usar as tradicionais fornecedoras de energia elétrica, uma vez que as chamadas energias alternativas (solar, eólica, etc.) costumavam ser bem mais caras. Hoje em dia, vale a pena considerar essas possibilidades e pedir orçamentos antes de tomar uma decisão final.

Outra boa opção, de acordo com pousadeiros, tem sido o uso de gás, tanto para aquecimento de água e calefação, quanto para saunas e piscinas de água quente. Já existem várias empresas no Brasil que fazem instalações para uso de gás canalizado e mandam periodicamente seus caminhões abastecerem os reservatórios de pequenos e médios consumidores.

Telefone é um outro item fundamental, quando se pensa em meios de hospedagem, especialmente nestes tempos em que a internet desempenha um papel importantíssimo na escolha de destinos e alojamento.

"Com o tempo, as comunicações foram melhorando e a gente pode tirar partido dessa melhoria. Chegou o telefone e mudou a taxa de ocupação, bem como o perfil do hóspede. Depois, com a internet, mudou novamente a taxa de ocupação. Você pode mostrar o que você tem de bom."

Marco Antônio, Casa Bonita, Alto da Maromba, Visconde de Mauá, RJ

Serviços públicos essenciais nos grandes centros urbanos, como saneamento e coleta de lixo, nem sempre estão disponíveis em distritos de cidades do interior. A questão do esgoto pode ser resolvida com a construção de fossas (com sumidouro), mas a destinação do lixo exige mais cuidados (mais adiante trataremos desse assunto com detalhes).

A água é outro aspecto importantíssimo a ser levado em consideração. As pousadas muitas vezes se localizam em regiões onde não há fornecimento regular. Aliás, a compra de um terreno se inviabiliza se, na documentação, não constar com todas as letras de onde se pode obter água, caso não existam nascentes próprias.

Viabilidade econômico-financeira

Embora se encontre um grande número de pequenos hoteleiros que nunca fizeram um estudo detalhado sobre a viabilidade econômico-financeira de seus negócios, a maioria deles concorda que é preciso saber se o investimento e o trabalho que envolve um empreendimento desse tipo vão estabelecer uma relação de equivalência e proporcionar uma remuneração que valha a pena.

"Sabemos que uma pousada mal administrada às vezes apenas se sustenta. E uma pousada bem administrada é superlegal e cresce."

Deise, Tankamana, Itaipava, Petrópolis, RJ

O que é uma remuneração que valha a pena do ponto de vista econômico-financeiro e não apenas de satisfação pessoal, para atender o desejo de mudar de vida ou para fugir da confusão dos grandes centros? Para simplificar as contas e não incursionar em mirabolantes alternativas de investimento nestes tempos de globalização e internet, vamos ficar nas mais elementares das opções.

A caderneta de poupança, garantida pelo governo federal, retorna 0,5% de juros ao mês mais T.R. (taxa básica de juros). Apenas para ter um segundo parâmetro, igualmente conservador, pode-se tomar o aluguel, que rende em média entre 0,7% e 1% do valor total do imóvel.

Levando em conta que nenhuma das duas alternativas mencionadas exige qualquer tipo de trabalho – basta abrir uma conta de poupança ou adquirir o imóvel, entregando a uma administradora a tarefa de selecionar inquilinos, cobrar aluguel e taxas, tomar providências legais em caso de inadimplência, etc. –, o investimento em uma pousada, que certamente vai exigir dedicação e muito trabalho do empreendedor, deve render bem mais do que isso. E como, então, saber se esse tipo de iniciativa vale realmente a pena?

Para início de conversa, caso seja necessário comprar um pedaço de terra e construir a pousada, é preciso considerar o valor do terreno a ser adquirido, que varia muito em função da localização e das facilidades de que dispõe. Logo depois vem a definição do tipo de hotel, do público a que se destina, do número de unidades habitacionais (UHs), da infra-estrutura a ser erguida.

Esse estudo serve, entre outras coisas, para verificar se o projeto é viável ainda na fase de pré-projeto, quando não há grandes dificuldades (e, especialmente, custos) em promover mudanças para adequá-lo à realidade. Depois de iniciadas as obras, quando as despesas já estão correndo soltas, as reformulações ficam bem mais complicadas e, sem dúvida, mais caras.

Neste livro, não vamos nos deter em dicas sobre obtenção de financiamentos para hotelaria, que requerem pesquisas específicas junto a organismos governamentais e que podem variar, em função do momento ou mesmo do lugar. Consideramos que há um capital disponível nas mãos do candidato a empreendedor, sem preocupação com sua origem – herança, poupança bem feita, indenização trabalhista, empréstimo...

O ponto de partida, depois da aquisição do terreno, é o volume de metros quadrados a ser construído, abrangendo todos os setores do hotel, que vão desde as unidades habitacionais em si, passando por recepção, restaurante, cozinha, almoxarifado, lavanderia, alojamento para funcionários, etc., até áreas de lazer para os hóspedes.

Um exemplo:

Total de metros quadrados	500
Custo médio do m² construído (2001)	R$ 1.000
Custo da obra	R$ 500.000
Terreno	R$ 100.000
Total terreno + construção	R$ 600.000

Obs.: a área de cada UH varia de 15 metros quadrados, nos hotéis de categoria econômica, até 35 metros quadrados, nos de padrão superior.

Este valor (hipotético e baseado nos preços médios praticados pela construção civil na região Sudeste) de R$ 600 mil corresponderia apenas às duas etapas iniciais e, a ele, precisam ser adicionados os gastos com equipamentos, instalações, decoração, paisagismo, etc., os chamados custos de implantação. Para dar continuidade ao raciocínio, sempre em hipótese, vamos adicionar R$ 200 mil (referentes aos acabamentos) aos R$ 600 mil iniciais, chegando a R$ 800 mil como total destinado à implantação.

É bom lembrar que ainda vão ser necessários recursos (da ordem de R$ 100 mil, aproximadamente) para colocar o negócio em funcionamento e uma certa disponibilidade para manter o hotel funcionando nos primeiros tempos, quando os hóspedes podem ser raros. Isso sem mencionar a verba, fundamental, para divulgação e marketing.

Para um estudo de viabilidade econômico-financeira, é preciso considerar ainda:

▶ valor das diárias

▶ taxa média de ocupação dos hotéis da região

▶ despesas operacionais (salários e encargos, manutenção e energia, custos administrativos e de gerenciamento, etc.)

▶ impostos diretos e indiretos

▶ seguros

▶ juros (se o capital tiver sido financiado)

Em síntese, o empreendimento deve cobrir as despesas e proporcionar uma remuneração do capital superior a da poupança ou de um aluguel para valer a pena (do ponto de vista exclusivamente econômico-financeiro).

Legislação

Um aspecto importante a ser levado em conta, antes de partir para a execução do projeto, diz respeito às questões legais que envolvem um empreendimento como uma pousada. Há duas etapas a serem consideradas: a primeira, relativa ao terreno, à construção, a questões ambientais, etc.; a segunda, relativa à constituição da empresa, isto é, à formalização do negócio.

Existem leis federais, estaduais e municipais relacionadas à atividade hoteleira e ao meio ambiente que podem interferir diretamente em um projeto. O ideal é procurar um advogado com atuação na região, que possa orientar o empresário. De qualquer forma, é possível encontrar dicas iniciais na internet (ver lista de sites no Anexo 2).

"Recomendo sobretudo que se dê uma olhada no Código Florestal (de 1965) e suas alterações, assim como na Lei que instituiu o Sistema Nacional de Unidades de Conservação. Uma simples consulta pode evitar muita dor de cabeça e até mesmo despesas. Caso construa em uma área com restrições, mesmo sem ter conhecimento delas, o empresário pode ser

multado. Então, terá que pagar a multa ou contratar um advogado para defendê-lo. E isso geralmente pode ser evitado com um contato com as autoridades ambientais às quais a região está submetida."

Rogério Zouein, advogado especialista em questões ambientais

Uma visita à representação do Ibama (Instituto Brasileiro do Meio Ambiente e dos Recursos Naturais Renováveis) ou à Secretaria Estadual de Meio Ambiente também é aconselhável, especialmente se o terreno estiver dentro de uma Unidade de Conservação (existem várias modalidades: Áreas de Preservação Ambiental – APAs, Áreas de Preservação Permanente – APPs, Áreas de Relevante Interesse Ecológico – ARIEs, entre outras). Essas Unidades de Conservação podem ser federais, estaduais ou municipais.

Existem Unidades de Conservação que já possuem um Conselho Gestor – com representantes locais, do poder público e da comunidade –, encarregado de regulamentar as atividades na área protegida, bem como denunciar eventuais agressões ao meio ambiente.

Nesses casos, bastaria um contato com um representante do Conselho Gestor para obter informações. Esse representante pode ser um integrante da Associação de Moradores, da Associação de Turismo ou de uma Organização Não-Governamental (ONG). Em determinadas regiões, são exigidos um Estudo de Impacto Ambiental e um Relatório de Impacto no Meio Ambiente, mais conhecidos como EIA e RIMA. Muitas vezes, contudo, esses procedimentos levam tempo. Para evitar atrasos em seu cronograma, é bom verificar exatamente o que é necessário e tomar as providências com uma certa antecedência.

Engana-se quem imagina que, por estar no fim de uma estradinha de terra, num remoto local do interior do País, se encontra fora do alcance das autoridades. Elas também andam por lá, conhecem a região e, em pouco tempo, ficam sabendo de tudo.

Além desses aspectos ambientais, há em cada município do País uma Lei de Uso e Ocupação do Solo, que define as regras para as áreas consideradas urbanas. Por exclusão, o que não estiver definido como urbano é rural, ficando sujeito à legislação do Instituto Nacional da Reforma Agrária – INCRA.

A escolha do nome

Depois de ultrapassar todas as etapas relativas a localização e construção da pousada, chega a vez de constituir a empresa propriamente dita. O mais indicado é fazer uma pesquisa informal junto aos empresários da região para obter o nome de um (ou mais) contador familiarizado com hotelaria e que possua experiência nos procedimentos locais.

A primeira providência é escolher algumas opções de nomes para o empreendimento, para encaminhar a uma consulta prévia junto à Prefeitura local (mais freqüentemente na Secretaria de urbanismo), que revelará se há algum estabelecimento no gênero com o mesmo nome. Se houver, será preciso pensar em alternativas e fazer nova consulta.

As recomendações básicas nesse aspecto são evitar nomes muito exóticos, grafias complicadas e mesmo palavras estrangeiras. O motivo é simples: o que se pretende, ao abrir um negócio, é popularizar o nome, a identidade do empreendimento, então é bom que ele seja de fácil memorização. Os turistas gostam de conhecer a história dos lugares que visitam e, por isso, escolher um nome que faça referência a alguma coisa local – árvore típica, pássaro, acidente geográfico, etc. – pode ser uma boa idéia.

A seguir, vêm a elaboração do contrato social, que deve ser registrado na Junta Comercial da cidade onde a pousada está localizada, e a inscrição na Receita Federal, para obtenção do número no Cadastro Nacional de Pessoas Jurídicas – CNPJ. Com isso, será possível abrir conta em banco e fazer compras para a pousada em nome da empresa.

Finalmente, após a vistoria de final de obra e inspeção sanitária, vêm o alvará de funcionamento, concedido pela Prefeitura, as inscrições como contribuinte do Imposto Sobre Serviços – ISS e do Imposto sobre Circulação de Mercadorias – ICM (dependendo das atividades da pousada, podem ser necessários os dois ou apenas um), além dos registros dos funcionários e dos livros trabalhistas no Ministério do Trabalho, etc. Mas estes são procedimentos rotineiros, que podem ficar a cargo de um contador experiente.

Nas malhas da rede

Logo que ficar decidido como a pousada vai se chamar, convém fazer o registro do nome do domínio na internet (exemplo: www.minhapousada.com.br), mesmo que você não tenha, a princípio, a menor idéia de como vai estruturar os acessos eletrônicos ao seu empreendimento. Domínio, em poucas palavras, é o endereço que você usa para acessar os sites da internet. O registro do domínio é uma providência relativamente barata e vai evitar que, no momento da preparação do site, surja alguma surpresa desagradável, como a constatação (coisa bastante comum, aliás!!) de que já estão registradas muitas das variações em torno do nome escolhido com tanto cuidado para a pousada. Atenção: é preciso escolher um domínio disponível, isto é, inédito, que ainda não tenha sido registrado por ninguém.

No Brasil, existem os cartórios de registro de domínio – Registro.br (gerenciado pela Fapesp – Fundação de Amparo à Pesquisa do Estado de São Paulo) ou Brasnic.com.br – e são eles que, mediante pagamento de uma taxa, se encarregam de informar tudo o que já está cadastrado e se a escolha de um determinado nome (ou nomes) é válida ou não. Antes de entrar com qualquer consulta nesses cartórios, é necessário escolher um provedor de hospedagem (servidor) para o seu site. Por exemplo: *uol*, *localweb*, entre outros. Sem provedor definido, vai ser impossível seguir adiante já que, na hora do registro, é preciso indicar onde o site está hospedado.

Feito isso, o próximo passo é entrar no site www.registro.br e iniciar todo o processo: pesquisar se o domínio desejado está disponível; prosseguir fazendo o cadastro de identificação; preencher os formulários exigidos e, depois de obter um ID (código identificador) e uma senha específica, fazer finalmente o registro com um endereço eletrônico, que normalmente é fornecido pelo provedor. Em média, o custo de registro é de R$ 50,00 e mais R$ 50,00 para matrícula nos cartórios. O ideal é contratar um profissional especializado para tocar todo esse processo, o que não impede que o pousadeiro tenha conhecimentos mínimos sobre como fazer o registro de forma que possa encomendar adequadamente o trabalho.

A construção

Projeto global

Uma vez definidas as características da pousada, é hora de colocar mãos à obra. Para quem vai erguer seu empreendimento, uma primeira medida é a realização do projeto global, que envolve não apenas as construções, mas também o plano geral de ocupação do terreno. Outra coisa bem diferente é o projeto das edificações propriamente ditas, que é desenvolvido em seguida. As duas frentes de atuação serão tratadas aqui em separado, para que as informações relativas a cada uma delas possam ficar bem claras.

Para início de conversa, no projeto global é preciso considerar que, dependendo do terreno, ou seja, da topografia local, talvez seja necessário realizar um serviço de terraplanagem, para nivelar as áreas destinadas às construções. Além disso, em muitos lugares, vai ser preciso criar um acesso, para ser percorrido por caminhões na fase da obra e, depois, pelos automóveis dos hóspedes. Se a região for sujeita a chuvas constantes em certos períodos do ano, torna-se imprescindível recorrer à Prefeitura local e tentar um acordo para pavimentar (asfalto, antipó ou paralelepípedo) os acessos externos à pousada. As condições de circulação interna são de responsabilidade do pousadeiro empreendedor e o ideal é optar pela pavimentação, a menos que se queira correr o risco de ter algumas unidades habitacionais inacessíveis durante os dias de mau tempo.

O traçado dessas estradas ou acessos tem que levar sempre em conta o plano de ocupação do terreno. A área destinada à construção de um conjunto de apartamentos, por exemplo, não pode ser cortada. A experiência mostra que a falta de um planejamento global muitas vezes resulta em perda de uma fatia nobre do terreno da pousada. É preciso ter em mente que esta etapa envolve o desenho das áreas destinadas à construção propriamente dita e das áreas de circulação de hóspedes, de funcionários e de serviços. É bom lembrar que a pousada terá que ser regularmente abastecida de gás, alimentos, bebidas e outros materiais ou insumos que costumam ser distribuídos em caminhões.

Embora esse abastecimento rotineiramente aconteça nos dias de menor movimento, deve-se pensar sempre que a pousada será um sucesso, terá hóspedes durante toda a semana e precisará repor com freqüência seus estoques, bem como retirar o seu lixo. E essa atividade não é, obviamente, uma atração, ou seja, o hóspede não precisa nem deve tomar conhecimento dela.

Por isso, convém prever uma circulação de veículos de serviço que não prejudique a tranqüilidade do hóspede nem 'polua' a sua paisagem. E, muito menos, atrapalhe os seus deslocamentos. Ainda que o hóspede esteja descansando e, teoricamente, não tenha pressa para nada, é sempre desagradável querer passar e ter que mandar chamar o motorista do caminhão para desimpedir o caminho.

O planejamento global deve abranger e considerar também as futuras ampliações da pousada, para que elas não quebrem a harmonia do conjunto. Um bom projeto pode prever, por exemplo, a extensão do telhado em um determinado local, sem prejudicar a fachada. As instalações básicas – tubulações de água, esgoto, eletricidade, telefone, TV a cabo, PABX, etc. – também podem ser feitas de modo a facilitar novas conexões e extensões futuras. Mas, se nada for antecipado e calculado, tudo será feito na base do improviso e depois, no mínimo, todo o processo ficará mais dispendioso. Na pior hipótese, algumas idéias correm o risco de ser inviabilizadas.

Por todas essas razões, antes de partir para o início das obras, vale a pena gastar algum tempo planejando o tipo de pousada que se quer construir. Além disso, é importante ter como ponto de partida um planejamento global equilibrado, que leve em conta o que será feito de imediato e o que se pensa para o futuro do empreendimento.

Projeto das edificações principais

Um pequeno hotel, além, claro, dos apartamentos ou chalés, oficialmente chamados no meio hoteleiro de unidades habitacionais (UHs), precisa ter algumas instalações consideradas indispensáveis. São elas:

▶ recepção/gerência/guarda-volumes

▶ restaurante/local para café da manhã

▶ cozinha/despensa

▶ sala de estar/leitura/TV

▶ banheiro social/lavabo

Unidades habitacionais

Por mais que se converse com hoteleiros experientes e especialistas na área de grande hotelaria, sempre vai haver controvérsias em relação às dimensões mínimas de um empreendimento para que ele se revele rentável. Os consultores, de modo geral, baseados em cálculos e projeções, aconselham um mínimo de 20 a 30 unidades habitacionais.

Quando se fala com donos de pequenos estabelecimentos hoteleiros, entretanto, e mesmo quando se vai a campo pesquisar ou ler sobre pousadas de sucesso, observa-se que o número de unidades habitacionais normalmente sugerido como ideal varia entre cinco e 20.

Quem está certo e quem está errado? Depende de como é encarada a questão. Se a análise levar em conta exclusivamente a viabilidade econômico-financeira, provavelmente os que mencionam um mínimo de 20/30 UHs estão certos. Mas, como quem investe em uma pousada raramente leva em conta apenas esse aspecto, ela pode ser viável com cinco ou sete unidades, caso seja trabalhada como um ambiente exclusivo, que assegura total privacidade e atendimento personalizado, por exemplo.

Em um ponto, entretanto, não há muito o que discutir – e mesmo quem consegue (sobre)viver com cinco UHs admite que almeja chegar lá: são necessárias entre 10 e 12 unidades para que a pousada proporcione a seus proprietários uma certa tranqüilidade financeira. E esses números não são aleatórios.

A verdade é que o principal custo fixo nesse tipo de negócio é a mão-de-obra. Para funcionar em bases minimamente profissionais, um pequeno hotel precisa de quatro ou sete funcionários fixos devidamente capacitados para desempenhar suas funções (esse número varia em função do volume de tarefas assumidas pelos proprietários).

Ocorre que os mesmos funcionários que cuidam de quatro ou cinco chalés dão conta de 10 ou 12 UHs, dependendo dos equipamentos disponíveis (como lavanderia, etc.). Isto é, há possibilidade de manter um atendimento de qualidade com o mesmo quadro de funcionários, mas com o dobro da capacidade de hospedagem. Acima disso, será necessário provavelmente contratar mais pessoal, além de redimensionar alguns ambientes, como restaurante, cozinha e áreas de lazer, entre outros.

Chalés ou apartamentos?

A opção entre chalés (com mais privacidade) ou apartamentos (próximos, erguidos em uma única edificação) depende de vários fatores. Há, entretanto, três aspectos fundamentais a serem levados em conta nesse caso:

▶ o perfil de hotel que se pretende fazer

▶ as características da demanda local por hospedagem

▶ o volume de recursos disponíveis para o empreendimento

Naturalmente, as unidades isoladas ficam mais caras do que as agrupadas. Em alguns lugares, é totalmente aconselhada a alternativa de apartamentos ou chalés geminados. Já em outros, o padrão é apartamento e não adianta querer fugir disso.

O importante é saber que a área de cada UH varia, segundo parâmetros determinados pela Embratur, de 17 metros quadrados, nos hotéis de categoria econômica, até 35 metros quadrados, nos de padrão superior. Mas há quem esteja construindo chalés de 50 metros quadrados ou até mais para um casal. Se a idéia for fazer dois ou mais quartos em uma única unidade, a área aumenta e, talvez, seja necessário mais um banheiro.

As dimensões de cada unidade variam conforme o que se pretende colocar nela. Convém levar em conta que a classificação do hotel – de acordo com a nova padronização, elaborada em conjunto pela Embratur e Associação Brasileira da Indústria Hoteleira, ABIH – depende também dos equipamentos disponíveis em cada UH.

O mínimo necessário:

Para o apartamento ou chalé

❭ cama de casal (preferencialmente do tamanho *Queen*, com 1,60 m de largura x 2 m de comprimento) ou duas camas de solteiro

❭ criados-mudos

❭ duas luminárias de cabeceira

❭ armário com cabides

❭ televisão (pelo menos com os canais abertos)

❭ frigobar

❭ ar-condicionado (na praia) ou lareira (serra)

❭ mesa e duas cadeiras

❭ porta-malas de meia altura

❭ cofre

❭ telefone

Para o banheiro do apartamento ou chalé

❭ vaso sanitário

❭ ducha higiênica

❭ pia

❭ chuveiro

❭ porta-toalhas

❭ banheira (opcional)

Atenção: a alternativa de compra e uso das banheiras de hidromassagem ou mesmo as do tipo comum é sempre considerada no momento de montar a pousada. Vale lembrar que equipamentos assim devem ser adotados com cautela em empreendimentos que venham a ter público com necessidades especiais ou mais idosos.

Recepção, gerência e guarda-volumes

A recepção deve ter uma mesa ou um balcão, com uma cadeira (ou um banco) para o recepcionista, acomodações (sofá ou poltronas) para os hóspedes (pois vão preencher fichas ao chegar e assinar cheques ou o boleto do cartão de crédito ao fechar a conta) e um espaço para guardar malas. A gerência pode ficar junto à recepção, mas precisa de uma mesa com cadeira, uma pequena estante para guardar papéis, catálogos, folheteria, etc. É bom que exista por perto um lavabo, para atender quem está chegando ou saindo. Tudo isso requer um espaço que pode variar entre 10 e 15 metros quadrados.

Restaurante/bar/café da manhã e sala de estar

É o maior ambiente da casa, que pode ser dividido por paredes ou apenas com decoração. Precisa ter espaço para, pelo menos, 10 mesas, com suas respectivas cadeiras (mais comumente 4 cadeiras para cada mesa), e para um bufê (que serviria para o café da manhã ou para as refeições), além de facilidades de circulação, tanto para hóspedes quanto para funcionários. Uma área deve ser reservada para uma salinha de estar, com sofás e poltronas, e uma mesa de centro, além de porta-revistas e jornais. Esse ambiente pode ter uma televisão, mas é mais conveniente que ela fique em outro lugar (ou apenas nos quartos), pois dificilmente os hóspedes querem ver o mesmo programa, na mesma hora. Para evitar problemas, é melhor que assistam ao que quiserem em seus quartos. Mas é imprescindível um bom equipamento de som, desde que o volume seja mantido em altura razoável – suficiente para ser ouvido, sem perturbar os que querem conversar. Caso haja possibilidade e interesse, é possível criar ainda um bar, com banquinhos, em torno de um balcão. Sua principal finalidade é atender as pessoas que querem tomar um drinque e também para os que eventualmente estiverem esperando por uma refeição. Esse conjunto de ambientes exige uma área de, no mínimo, 100 metros quadrados, para assegurar o conforto dos hóspedes e a qualidade do atendimento.

Cozinha e despensa

Em princípio, quanto maiores esses espaços, melhor o seu gerenciamento. Na organização desses setores, não se pode esquecer a necessidade de ter pelo menos duas geladeiras e três freezers (incluindo os destinados às bebidas). Se estiver nos planos do pousadeiro, mesmo que futuros, incrementar as atividades do restaurante, é bom pensar em mais espaço para freezers ou até mesmo em um outro ambiente para o pré-preparo de alimentos. Não podem faltar na cozinha um fogão convencional de seis bocas, um industrial de alta pressão de quatro ou seis bocas, um forno de microondas, prateleiras para guardar produtos e mantimentos e dois balcões: um para o trabalho dos funcionários, outro para a entrada e saída dos pratos, cestinhas de pão, etc. Sem esquecer, é claro, de uma boa pia, de preferência com duas cubas, e um bom espaço lateral para vários secadores de pratos, copos e talheres. Gêneros alimentícios não devem ser lavados no mesmo lugar que as louças e demais utensílios. Panelas, louças e talheres precisam ser acomodados em armários específicos e minuciosamente ordenados para estar sempre à mão num momento de necessidade.

O lixo merece uma atenção à parte. Precisa ficar em local reservado, longe das áreas de circulação e de preparo de alimentos para que estejam afastados riscos de contaminação.

Portanto, para apresentar as características listadas nos itens acima, pode-se calcular uma construção de, no mínimo, 120/150 metros quadrados para a casa principal, chegando facilmente aos 200 metros quadrados.

Outras instalações

O tamanho das edificações deste grupo será definido em função do perfil de hotel que se quer construir. Pode-se inicialmente agrupar algumas instalações e fazer, por exemplo, uma casa que reúna:

▶ lavanderia/rouparia/almoxarifado

▶ dependências para funcionários

▶ garagens ou estacionamento

As áreas de serviços – lavanderia, rouparia, almoxarifado, etc. – devem preferencialmente ficar fora da casa principal ou, ao menos, ter entrada independente. Seu tamanho varia conforme a estrutura que se vai montar, em função do porte do estabelecimento (e de suas futuras ampliações) e do número de funcionários que devem residir no hotel.

É bom que as dependências para funcionários fiquem no mesmo conjunto dos demais serviços (lavanderia, rouparia, almoxarifado, casa de ferramentas/máquinas, depósito de bebidas/lenha, etc.). E, preferencialmente, todo esse setor da pousada deve ficar fora do horizonte dos hóspedes. Não precisa ser escondido, mas é bom que passe despercebido. O seu hóspede viajou um bocado para viver 'momentos mágicos' durante alguns dias e, nesse universo, não há espaço para balde e vassoura, e muito menos para um varal cheio de 'realidades' penduradas.

Dificilmente a combinação lavanderia, rouparia, almoxarifado, casa de máquinas/ferramentas e dependências para funcionários ficará com menos de 100 metros quadrados. São, portanto, 250/300 metros quadrados iniciais, antes de se começar a falar em unidades habitacionais.

Um detalhe: a qualidade e, especialmente, o acabamento do que está se chamando de casa principal, que vai ser freqüentada pelos hóspedes, e das áreas destinadas aos serviços não são naturalmente os mesmos – o que resultaria em uma diferença no valor do metro quadrado construído.

Mas, como se pretende que as edificações durem o máximo possível, não dá para reduzir muito a qualidade do material empregado, mesmo nas áreas de serviço. Por isso, pode-se fazer um cálculo de custo médio do metro quadrado, pois o que se economiza de um lado vai se gastar a mais no outro.

Garagens ou estacionamento

Se a pousada estiver localizada em uma área urbana, uma garagem é indispensável. Se estiver em área rural ou de praia, fique certo de que os hóspedes descansarão melhor se seus automóveis estiverem guardados dentro da área do hotel, ao alcance de seus olhos.

Um estacionamento para todos, a alguma distância das UHs, ou uma garagem privativa para cada um? Mais uma vez, isso vai depender do perfil do estabelecimento e da área disponível, além das condições climáticas do lugar e da conformação do terreno.

Se não houver alternativa, vale um estacionamento único para todos e caminhos que garantam a circulação dos hóspedes, entre a casa principal, as UHs e as áreas de lazer porventura existentes. É bom sinalizá-las e iluminá-las, pois nem sempre a pessoa que chegou naquele dia vai saber como se locomover de um ambiente para outro.

Mas, se chover muito na região, fizer muito frio ou se os chalés estiverem espalhados morro acima, é bom pensar em um estacionamento o mais próximo possível de cada unidade (o que significa fazer também uma estrada de acesso). Pode encarecer um pouco o projeto, mas isso permitirá cobrar um pouco mais pelo conforto proporcionado.

Mais algumas informações sobre as áreas de apoio

Quando se fala em funcionários, serviços e projetos, é preciso pensar também como a pousada vai operar no seu dia-a-dia. Os especialistas e pousadeiros veteranos recomendam que, em se tratando de pequenos hotéis, a melhor opção é fazer unidades habitacionais próximas e, se possível, em um mesmo nível do terreno. Esse tipo de medida não só facilita o trabalho da camareira, que pode usar o tradicional carrinho para agilizar sua função, como proporciona uma economia facilmente perceptível na construção civil.

A recomendação funciona bem para algumas regiões, mas pode tirar todo o charme de uma pousada na montanha, onde os principais atrativos são a privacidade e a vista panorâmica – que, naturalmente, melhora quanto mais se sobe no terreno.

Só que, para atender chalezinhos espalhados morro acima, a camareira precisa de um bom fôlego, além de gastar tempo indo de uma unidade para outra. Nesse caso, será conveniente fazer, para cada grupo de 3 ou 4 unidades, um pequeno quartinho ou armário de apoio, onde a camareira poderá deixar os utensílios básicos de trabalho, algum material de limpeza e de reposição cotidiana (como papel higiênico e sabonete), além de uma ou duas mudas de roupa de cama e banho por UH, caso seja necessária uma troca de última hora.

Esses quartinhos ou armários, se planejados desde o primeiro momento, podem aproveitar vãos de escadas ou pequenos recuos dos próprios chalés, não adicionando muitos metros quadrados ao projeto e criando espaços muito úteis. A sua existência não apenas reduz os deslocamentos da camareira como também ajuda a reduzir a visibilidade dos serviços.

Casa dos donos

A tendência predominante é que os donos do pequeno hotel residam nele, ao menos nos primeiros tempos. Mesmo que não façam uma casa de grandes dimensões, precisam ter um lugar para viver com um mínimo de conforto. De preferência, não devem erguê-la junto ao setor de serviços/alojamento de funcionários e nem em meio ao espaço reservado aos hóspedes.

Os donos podem optar por construir sua própria casa mais tarde. Ou podem resolver, depois de alguns anos, que preferem morar fora dali, já que, com o tempo e o crescimento do negócio, precisam de um outro lugar para descansar, longe do que se tornou seu ambiente de trabalho. Naturalmente, quando se começa, às vezes é preciso improvisar em alguns aspectos. Isso pode significar que se tenha que viver em um quarto da própria pousada durante algum tempo. O que não se pode perder de vista é a necessidade de incluir a casa dos donos no planejamento global do empreendimento.

Jardins

O paisagismo, baseado em jardins bem planejados e distribuídos, além de embelezar o conjunto das áreas externas do hotel, assegura uma opção de lazer, ajuda a 'esconder' o que não precisa ser visto, a criar áreas reservadas para hóspedes, a dividir espaços. Pode parecer um detalhe a ser cuidado no final das obras, mas, ao contrário, precisa ser planejado desde o primeiro momento.

Plantas e árvores demoram a crescer, têm época certa para ser plantadas e exigem cuidados para vingar. Deve-se dar preferência a espécies nativas ou àquelas que comprovadamente crescem sem dificuldades na região.

Ao escolher as plantas, é preciso levar em consideração também os cuidados exigidos por cada uma. Bons jardineiros são raros e custam caro. Amplas áreas de gramado ficam lindas, mas precisam ser religiosamente aparadas, especialmente nas épocas de chuvas.

Além disso, uma obra geralmente causa danos à vegetação existente, que deverão ser gradualmente reparados para garantir uma boa apresentação ao empreendimento no momento da inauguração. Um planejamento global da área da pousada permite que se plantem algumas mudas com bastante antecedência, de modo que as árvores já estejam grandinhas no final das obras.

Nos locais onde isso não é possível, a alternativa é comprar mudas maiores, após o término da construção. Mas não se pode esquecer que, quanto maiores as mudas, mais caras elas são.

Nas grandes cidades, onde há centrais de abastecimento (tipo Ceasa ou Ceagesp), pode-se comprar mudas em atacadistas, que normalmente ficam mais em conta. Mesmo nos centros menores existem muitas vezes pequenos hortos florestais – alguns junto a universidades ou centros de pesquisa de botânica – onde se adquirem plantas a preços bastante acessíveis.

Algumas pousadas têm adotado pequenas hortas em seu projeto paisagístico. São áreas que ficam parcialmente liberadas para a diversão dos hóspedes, que aproveitam o tempo livre para lidar com o manejo da terra. Isto é, a pessoa pode fazer um programa de tom naturalista, colhendo folhas e legumes que vai consumir no próprio almoço. A opção deve ser tratada com a maior leveza possível, de forma divertida, para que o hóspede não se sinta obrigado a esse tipo de trabalho.

Lazer e manutenção

Ainda na fase de planejamento e projeto, o hoteleiro precisa pensar também nas alternativas de lazer que pretende oferecer a seus hóspedes e na relação custo/benefício desses incrementos, isto é, se vão efetivamente tornar o empreendimento mais atrativo, a ponto de melhorar sua taxa de ocupação, ou se vão simplesmente aumentar as despesas fixas, sem trazer grandes retornos.

"O projeto ideal para um hotel leva em conta a manutenção futura daquele espaço. Muitas vezes o dono começa a criar atrações que adicionam custos permanentes e que não vão lhe proporcionar um aumento significativo de renda."

Carlos Jorge Ramers, arquiteto

A manutenção é um item que, no rol das despesas fixas da pousada, tem um peso bastante grande – pode chegar a 15% da receita bruta do negócio. Naturalmente, esse percentual aumenta ou diminui em função da qualidade e quantidade dos produtos utilizados e dos serviços oferecidos, além de fatores como clientela, clima, etc.

Instalações (elétricas, hidráulicas) e equipamentos (chuveiros, vasos, banheiras) costumam durar em média 10 anos, sendo superados apenas pelas edificações. Muitos outros itens, como utensílios (secadores de cabelo, TVs, aparelhos de ar-condicionado) existentes em um estabelecimento hoteleiro, em função da alta rotatividade na ocupação, característica da hotelaria, não sobrevivem cinco anos. É claro que a manutenção preventiva e alguns cuidados no uso ajudam a prolongar esses prazos, mas esse é sempre um aspecto a ser levado em conta.

Para criar determinadas atrações na pousada, é necessário analisar com muito cuidado cada opção e suas possibilidades. Uma piscina térmica, por exemplo, exige um bom investimento para ser construída e representa um custo elevado e permanente: é preciso mantê-la aquecida (gasto de energia), limpa e com água tratada (mão-de-obra e produtos químicos), com equipamentos em bom estado (pessoas ou empresas que dêem assistência permanente).

Com o mesmo volume de dinheiro que seria utilizado para construí-la, poderiam ser feitos dois, três ou até quatro chalés, por exemplo, que ampliariam as perspectivas de ganhos e otimizariam o aproveitamento da mão-de-obra já contratada. A renda dessas UHs pode, mais adiante, ajudar na construção da piscina, se esse item for realmente considerado fundamental.

Na fase de implantação de uma pousada, tudo o que estiver além das unidades habitacionais e da estrutura mínima necessária para atendê-las deve ser avaliado e adotado com muita cautela. Em algumas localidades, entretanto, por costume ou tradição, há itens que passam a ser considerados obrigatórios.

É o caso da sauna em algumas regiões, da piscina em outras, da sala de jogos, etc. Naturalmente, o pousadeiro terá que analisar cada caso e chegar à sua própria conclusão. Para melhorar o negócio, basta saber o que se quer, o que o cliente quer e ter os recursos para colocar as boas idéias em prática.

A principal atração de uma pousada é, normalmente, sua localização, o próprio lugar onde foi construída. Mas há outros como:

◗ o ambiente, a atmosfera, o 'clima' proporcionados pela arquitetura, pela decoração, pelo tipo de música, pela personalidade dos proprietários

◗ equipamentos de lazer – como piscina, sauna, sala de jogos, etc.

◗ estrutura e equipamentos para atender o cliente-empresa e fazer convenções, seminários, *workshops* para pequenos grupos

◗ proximidade de grandes pontos turísticos, como praia, cachoeiras, matas, trilhas, picos, beira de rio, parques nacionais

❱ cuidados especiais para o corpo, como hidroterapias, massagens, alimentação balanceada

❱ compromisso com algumas práticas que ajudam a preservar o meio ambiente

❱ um restaurante fantástico

Cada um precisa encontrar o seu caminho, o seu nicho de mercado, e sair atrás dele, oferecendo atrações que ajudem a pousada a se distinguir entre as demais.

"Há tantos tipos de pousada... Esse negócio de convenções está mantendo muitas pousadas. Mas eu sou cismada com isso e não vou fazer. Não quero fazer... Você nunca vai agradar a todos. Então, agrade a quem você cismar."

D. Laura, Alcobaça, Corrêas, Petrópolis, RJ

"As pessoas vêm para cá e se admiram com nosso carinho, pois tentamos proporcionar o conforto que elas têm na cidade. Cuidar de detalhes, como um vaso de flores que elas podem levar na saída, é um exemplo. Esse é um perfil, mas existem muitos outros."

Deise, Tankamana, Itaipava, Petrópolis, RJ

Arquitetura e decoração

A partir do momento em que se define um perfil de pousada e um público-alvo a ser conquistado, se estabelece um padrão de serviços a ser oferecido. Até agora se falou sobre o planejamento global do empreendimento e o projeto das edificações, mas paralelamente a isso é preciso saber que tipo de arquitetura e decoração se pretende utilizar, para que o projeto tenha coerência.

"O arquiteto tem que pensar em todos os matizes de conforto, do ponto de vista de clima e localização. Independentemente do padrão de hotel a ser construído, existem questões básicas de conforto que podem ser resolvidas com a arquitetura ou, mais adiante, com a decoração. Mas o importante é que o projeto como um todo tenha uma coerência, uma pro-porcionalidade."

Carlos Jorge Ramers, arquiteto

É claro que, quando se faz a reforma ou a restauração de um antigo casarão ou uma velha casa de fazenda, o mais sensato é preservar ao máximo tudo o que for possível. Nesse caso, o padrão da construção e da decoração já está definido e o melhor que se pode fazer é conservá-lo, renovando apenas o que não tem mais condições de uso.

Quando se tem uma edificação a ser preservada, entretanto, é preciso um cuidado especial com relação às demais instalações do empreendimento, para que haja uma harmonia no todo e não um choque entre novas e velhas construções.

O turista que viaja em busca de natureza também gosta de conhecer a história dos lugares que visita e vai apreciar um casarão antigo, bem conservado, que ofereça o conforto que os tempos atuais permitem.

Se não houver nada no terreno e tudo estiver por fazer, as possibilidades se ampliam, mas alguns cuidados básicos devem ser levados em consideração. Há características específicas no caso de construção em praias e outras, bastante distintas, em montanhas.

"No litoral, não adianta colocar travesseiros com penas de ganso porque o turista não vai lá para dormir. Ele permanece poucas horas no quarto, mas precisa dormir bem. Por isso, é importantíssimo ter ar-condicionado, por exemplo. Já na montanha, a tendência é passar mais tempo no interior do chalé, curtir uma lareira, um vinhozinho, uma hi-dromassagem."

Carlos Jorge Ramers, arquiteto

Antes de mais nada, é preciso definir um estilo de construção. As alternativas são muitas e, certamente, um bom profissional de arquitetura vai ajudar. Não se deve tentar economizar nesse item – a economia fica para outras coisas. As improvisações criadas por amadores ou profissionais inexperientes podem custar muito caro depois.

A arquitetura será responsável pela primeira impressão do seu hotel, seja para quem for pessoalmente até lá, seja no site da pousada, no *folder* promocional, etc. Ela pode atrair hóspedes ou afastá-los.

Por isso, é preciso observar as características das construções locais, ver muitas revistas e publicações especializadas, navegar pelos sites de outros empreendimentos no gênero existentes na internet, enfim, buscar inspiração de todas as formas possíveis, antes de escolher um determinado estilo.

Essa mesma busca deve ser feita em relação à decoração. Nesse caso, vale também visitar *shoppings* especializados, que reúnem lojas e trabalhos de profissionais do ramo, não necessariamente para comprar produtos e objetos, mas sobretudo para obter idéias e fontes de inspiração.

Um exemplo simples da importância de pensar em conjunto arquitetura e decoração é o tamanho da cama de casal. Pode-se usar o padrão brasileiro (1,38 m x 1,88 m), o modelo *Queen* (1,60 m x 1,98 m) ou o modelo *King* (1,86 m x 1,98 m).

Como se vê, há uma diferença de aproximadamente 0,50 m, na largura, entre o padrão de casal e o modelo *King* – quase equivalente ao tamanho de um criado-mudo. Isso significa que, se no meio do caminho for decidido trocar o tamanho padrão brasileiro de cama de casal pelo modelo *King*, pode faltar espaço para uma mesa de cabeceira. (Atualmente, a hotelaria considerada de bom nível utiliza pelo menos o tamanho *Queen*.)

A escolha do tamanho da cama vai determinar ainda as dimensões de lençóis, cobertores e edredons. Naturalmente, há diferenças de preço entre as roupas para os diferentes tamanhos de cama.

A proporcionalidade e a harmonia mencionadas pelo arquiteto Carlos Jorge dizem respeito às dimensões do empreendimento como um todo. Assim, quem pretende fazer inicialmente quatro ou cinco chalés, não deve pensar em ter uma estrutura de megaresort.

Não adianta incluir quadras de tênis no projeto, isto é, aumentar o leque de serviços ofertados, se os chuveiros das UHs não proporcionarem o básico: um bom banho. Se a idéia for acolher os mais idosos, não vale a pena investir em um *fitness center* de última geração. Da mesma forma, de nada vale oferecer uma excelente cama ou tapetes e quadros sofisticados se houver mosquitos no quarto, cheiro de mofo ou poeira pelos cantos.

"A arquitetura brasileira tem bons recursos, e já há muitos anos, para resolver esses problemas de insalubridade. São cuidados no posicionamento das construções no terreno e em relação ao sol, na ventilação dos ambientes, nos materiais utilizados... E as soluções são relativamente baratas, quando planejadas no seu devido tempo e com competência."

Carlos Jorge Ramers, arquiteto

Uma pousada em uma praia deserta ou no meio do mato precisa, obrigatoriamente, servir café da manhã e mais alguma refeição, para que o hóspede não seja obrigado a percorrer vários quilômetros para se alimentar.

Se chover muito na região em determinado período do ano, convém criar um espaço ou alguns ambientes onde os hóspedes possam permanecer e se divertir, além dos quartos e das áreas externas. Por mais que se queira descansar, dois ou três dias seguidos de mau tempo, sem opções que não a óbvia televisão, podem levar seus hóspedes a partir para outro destino antes do tempo previsto. Alternativas interessantes para esse tipo de situação são jogos portáteis, de baixo custo, mesas de sinuca, uma pequena biblioteca e nos casos mais arrojados, em que haja disposição para fazer uma coisa um pouco mais animada, um karaokê ou uma dvdteca.

Reformas

Os cuidados que vêm a seguir valem para aqueles que já têm uma pousada, com a qual não estão satisfeitos, e que pretendem reformá-la em busca de uma melhor rentabilidade. Servem também para quem tem uma casa antiga e pretende transformá-la em pousada e para aqueles que arrendam um estabelecimento em más condições.

"Esta casa era da minha sogra, que já a mantinha com muito sacrifício. Na herança, só nós não queríamos vender a casa. Resolvemos mudar de vida e fazer uma pousada. Eu gosto de cozinhar, gosto de jardim, gosto de gente. Meu marido, que é engenheiro e muito habilidoso, cuida da manutenção e faz trabalhos em madeira. Estamos funcionando como pousada há 10 anos. Antes, tivemos que fazer uma obra, recuperar muita coisa, adaptar também. Tivemos que fazer banheiros, mudar a cozinha. Levou um ano e meio mais ou menos."

D. Laura, Alcobaça, Corrêas, Petrópolis, RJ

Várias podem ser as causas do mau desempenho de um pequeno hotel e, na maioria das vezes, uma reforma das instalações, mudanças no gerenciamento e um bom planejamento de marketing conseguem reverter a situação.

"Eu peguei a pousada funcionando, com 11 unidades habitacionais e inclusive hóspedes dentro, porque algumas reservas já tinham sido feitas pelo antigo proprietário. Mas estava tudo decadente. O que eles tinham de bom não era valorizado, que era a casa antiga da fazenda. Fui explorando as possibilidades, o porão, que reformei e transformei num belo bar, com sala de sinuca, TV, enfim, coisas que encantavam quem vinha da cidade. Aquele lugar tinha uma história, tinha uma alma, que não estava sendo adequadamente explorada!"

Luís Alves, Olho d'Água, Maringá, Visconde de Mauá, RJ

A expansão do mercado de pousadas e o conseqüente aumento da competição na disputa dos turistas levaram alguns empreendimentos outrora bem-sucedidos – e outros nem tanto – a enfrentarem crescentes dificuldades para sobreviver. Como reverter esse quadro? As dicas básicas fornecidas aos iniciantes no ramo podem ajudar, mas há peculiaridades nesses casos que merecem uma atenção especial.

Muitos pequenos hotéis estão com as instalações envelhecidas e precisam de uma urgente renovação para se manterem no mercado, nas novas circunstâncias. Camas e colchões velhos, lençóis e cobertas puídos, tapetes que evidenciam as marcas do tempo, paredes manchadas ou descascando, decoração precária, enfim, tudo que revele sinais de decadência deve ser substituído ou reformado.

"Dei uma geral no hotel: botei água quente, abri caminhos para ir de um chalé ao outro, fiz lareiras – fui cuidando dessas coisas básicas. Depois, construí uma piscina, novos chalés, transformei uma construção que era meio indefinida numa sala de jogos e TV. Claro que contratei um arquiteto para me ajudar na reforma."

Luís Alves, Olho d'Água, Maringá, Visconde de Mauá, RJ

Antes de iniciar a reforma, é bom fazer uma pesquisa sobre os padrões de hospedagem praticados pela concorrência, para se tornar competitivo, agora em novos patamares. Da mesma forma, convém se atualizar quanto às demandas dos hóspedes.

Por exemplo: alguns anos atrás, um chuveirinho elétrico podia ser suficiente; hoje, é recomendável um aquecedor a gás ou movido a energia solar (já que a crise energética vai encarecer cada vez mais o uso de eletricidade).

Nas montanhas, não se concebe mais a ausência de lareiras nos quartos e, dependendo do padrão do hotel, pode ser necessária também a instalação de calefação. Na praia, por melhor que seja a brisa dos fins de tarde, a qualidade do sono é outra quando as UHs dispõem de ar-condicionado, com a vantagem adicional de dispensar os famigerados mosquiteiros.

Os mesmos cuidados devem se estender a todas as outras instalações do hotel, como cozinha, refeitório, áreas de lazer, áreas de serviço (lavanderia, manutenção, etc.).

Na realidade, a reforma dos equipamentos ajuda no segundo aspecto da reestruturação da pousada: o gerenciamento. Falar em gestão significa falar em custos e instalações envelhecidas ou superadas não apenas afastam hóspedes como também produzem despesas muito elevadas.

"Hoje não tem mais como aumentar preço. Temos que reduzir os custos."

Wisley Maciel, gerente da Capim Santo, Itaipava, Petrópolis, RJ

"Custo é fundamental. Onde se puder economizar, é lucro que vamos ter."

Deise, Tankamana, Itaipava, Petrópolis, RJ

Pode ser o caso do chuveiro elétrico, da velha lavanderia, da cozinha precária... Novos equipamentos e instalações exigem um investimento inicial, mas podem resultar em economia de despesas operacionais e mesmo de mão-de-obra – dois itens de presença permanente na relação de custos de um hotel.

Há ainda a questão do público-alvo, que está diretamente ligada à estratégia de marketing a ser adotada. Da mesma forma que os iniciantes no ramo, o hoteleiro experiente que quer melhorar o desempenho de seu negócio deve definir, antes de iniciar a reforma, quem vai ser o seu hóspede.

Uma opção equivocada ou mesmo a falta de definição pode estar na raiz das dificuldades enfrentadas pelo empreendimento. E a superação desses problemas passa pela reestruturação do negócio de um extremo ao outro.

Prazos e custos

Enfim, projeto arquitetônico e construção representam algo em torno de 50% do investimento total no negócio. Isso quando tudo dá certo. Quando é preciso desmanchar e fazer de novo, começa-se a gastar um dinheiro que pode fazer falta em outra etapa.

Incluindo ainda nesse cálculo o acabamento (pintura, decoração e acessórios) e instalações (ar quente ou frio, etc.), chega-se a 80% do valor da obra. Os 20% restantes ficam por conta das chamadas 'atividades preliminares', que envolvem as etapas de planejamento, projeto, estudos, fiscalização, etc.

Um arquiteto que conheça as características e a mão-de-obra locais ajuda não apenas no projeto de construção em si, mas também na escolha de profissionais que vão trabalhar e de fornecedores.

Existem alguns outros aspectos que podem reduzir ou aumentar custos. Por exemplo: se a administração da obra ficar a cargo do arquiteto, ela pode consumir de 15% a 25% do preço final. Por outro lado, se o proprietário se dispuser a fazer tomadas de preço, visitar fornecedores, escolher sozinho o material a ser comprado, se encarregar dos pagamentos e da contratação de transporte, a redução é significativa. Mas o trabalho é grande, especialmente para quem não tem prática nesse terreno. Por isso, talvez valha a pena pagar um profissional.

Dependendo da localização da pousada e das possibilidades oferecidas pelo comércio da região, o item frete pode pesar bastante no orçamento. Para atenuar essa despesa, é preciso um planejamento bem feito de compras e um cronograma de utilização do material. Isso vale tanto para uma obra administrada por um profissional quanto para aquela em que as compras ficam a cargo do proprietário.

Mesmo com todos esses cuidados, convém lembrar que dificilmente uma obra acaba no prazo inicialmente marcado e dentro do orçamento preestabelecido. Isso deve sempre ser levado em conta para não haver desgaste excessivo na reta final da construção.

Ao contratar o arquiteto e/ou o empreiteiro, é importante definir um cronograma de construção vinculado a outro de desembolso de dinheiro. Caso haja necessidade, também vale estabelecer multas (ou descontos) para os casos de não cumprimento das metas e dos prazos combinados.

Se inicialmente isso parece um exagero, no final poupa muita dor de cabeça. Nesse caso, vale tomar apenas um cuidado: o arquiteto vai responsabilizar o proprietário por qualquer mudança feita no projeto inicial, debitando da sua conta os atrasos e as despesas adicionais.

Para a pousada funcionar

Estrutura básica

Enquanto as paredes da obra vão subindo e o sonho do empreendimento parece ir se transformando em realidade, o futuro pousadeiro precisa supervisionar a construção e, simultaneamente, cuidar da etapa imediatamente seguinte: colocar o hotel em funcionamento.

Essa é mais uma fase de trabalho árduo e fundamentalmente voltada às compras. Isto é, direcionada à aquisição de materiais para equipar a pousada. Nesta etapa, a grande dificuldade do pousadeiro iniciante é que, independentemente do número de unidades habitacionais com as quais vai trabalhar (ou pelo menos iniciar o atendimento), para colocar um pequeno hotel em funcionamento, há necessidade de montar uma estrutura mínima praticamente igual à de um grande estabelecimento.

Embora a atividade hoteleira no Brasil tenha evoluído muito nos últimos anos, alcançando grau de profissionalização bastante expressivo, a ponto de produzir imensas feiras voltadas exclusivamente para o setor, como a Equipotel, a atuação dos fornecedores ainda deixa a desejar, tanto em termos de cumprimento de prazos e condições, quanto de atendimento no pós-venda.

Por isso, ao planejar as compras, é necessário, em alguns casos, até dobrar o prazo de entrega estimado pelos vendedores. Se eles prometem entrega em um mês, melhor programar para receber a mercadoria no dobro do tempo. Os atrasos podem ser grandes, a sensibilidade dos fornecedores nem sempre está presente e, para evitar aborrecimentos ou prejuízos, recomenda-se fazer as encomendas com bastante antecedência.

A história fica um pouco mais complicada quando a pousada está situada em lugar distante, de difícil acesso, longe dos grandes centros, com comunicações precárias. Há casos de pequenos hotéis que tiveram que adiar a inauguração porque as camas não haviam chegado, cozinhas que não puderam funcionar porque o gás canalizado não fora devidamente conectado e champanhe que não foi servido porque os copos foram 'esquecidos' pelo fornecedor.

Para todos os gostos e bolsos

A Equipotel é tradicionalmente conhecida como a maior e mais importante feira de hospedagem e alimentação da América Latina. O evento já teve mais de 40 edições e, todos os anos, oferece oportunidade para atualização profissional, renovação de contatos e até mesmo a possibilidade de bons negócios. Uma visita ao site www.equipotel.com.br é sempre proveitosa e permite ao pousadeiro estar em dia com estatísticas e novidades relacionadas à hotelaria. Ainda que as referências e os dados do site sejam quase todo o tempo traçados sob o ponto de vista dos grandes complexos hoteleiros, as informações são válidas e podem ajudar na construção de parâmetros para o negócio pousada.

Lista de compras

De acordo com dados de técnicos e organizadores da Equipotel, desde a construção até a abertura, um hotel de padrão quatro estrelas consome cerca de 2 mil itens, considerados aí desde o cimento até as colherinhas de café. Mesmo dando um desconto para as pousadas que, em função de seu porte reduzido, têm características bem particulares, o número de itens adquiridos para que o empreendimento funcione não fica muito atrás. A relação é longa.

Além dos itens básicos (camas, cadeiras, mesas e muitos outros já mencionados no capítulo *A construção*), devem constar na lista de compras:

❱ tapetes e capachos

❱ quadros e objetos decorativos

❱ cortinas (com blecaute para vedar a entrada de luz, se as janelas não tiverem venezianas)

❱ telas para evitar mosquitos e outros insetos (nas janelas)

❱ espelhos

❱ cabides para roupas em uso (de parede ou de pé)

❱ luzes de emergência, velas e fósforos

❱ acessórios para banheiro (porta-sabonetes e xampu, tapetinhos para chuveiro, cabides para toalhas e roupas, etc.)

❱ touca de banho/secador de cabelos (opcional)

Para que o hotel possa funcionar, são igualmente necessários lençóis e fronhas (preferencialmente de algodão ou percal 100%, que aliam qualidade de textura e durabilidade, nunca de tecidos sintéticos), travesseiros (no mínimo antialérgicos, sempre com capa protetora), colchas, cobertores, edredons (no caso de serra) e toalhas (também 100% algodão e com boa capacidade de absorção).

> Mais comumente, os lençóis são trocados a cada dois dias, quando se trata do mesmo hóspede. Quando muda o hóspede, a troca é obrigatória. Para isso, mesmo em um pequeno hotel, é preciso ter um mínimo de três conjuntos de lençóis/fronhas para cada unidade habitacional – um jogo em uso, um lavando e outro pronto para ser usado.
>
> Existem hotéis, não necessariamente de luxo, que adotam como rotina a troca diária da roupa de cama. Se a intenção do pousadeiro for essa, será necessário aumentar o número de conjuntos (lençol/fronhas) disponíveis.

Geralmente, colocam-se dois travesseiros em cada cama de casal, mas alguns hóspedes podem pedir travesseiros extras. É preciso, portanto, dispor não apenas de travesseiros a mais, mas também de protetores de travesseiro (que podem ser sempre lavados e ajudam a conservá-lo) e de fronhas reservas.

As toalhas, por sua vez, costumam ser trocadas diariamente, tanto as de banho quanto as de rosto. Para cada UH de casal são necessárias duas toalhas de banho e duas de rosto. O normal é dispor de quatro conjuntos por unidade para evitar uma eventual falta de toalhas.

Caso a pousada tenha piscina ou sauna, ou se estiver localizada em uma praia, recomenda-se o uso de toalhas diferentes, de outra cor talvez, específicas para as atividades fora do quarto. O hóspede deve ser informado que elas existem, qual a sua finalidade e onde pode obtê-las.

Atualmente há alguns programas, como o Hóspedes da Natureza, da ABIH (Associação Brasileira da Indústria Hoteleira), que buscam preservar ao máximo o meio ambiente. Um dos itens levados em conta é justamente a periodicidade da troca de roupas nas UHs. Os hotéis que aderem a esses programas geralmente dão ao hóspede a opção: manter a rotina habitual de trocas ou aumentar o tempo de uso das roupas de cama e banho, reduzindo a quantidade de produtos químicos usados na lavanderia e, conseqüentemente, a poluição dos arredores da pousada com as misturas de água com sabão e outros detergentes.

Manutenção

Depois das compras principais para a pousada, a maior parte das pessoas respira aliviada e pensa: tudo resolvido. Este raciocínio é, sem dúvida, verdadeiro, mas deve vir acompanhado de um outro. Este agora relacionado à manutenção de tudo o que foi adquirido. Uma vez que equipamentos e utensílios estejam dentro da pousada, devem passar a merecer atenção especial no sentido de serem conservados.

Estudiosos da área de hotelaria calculam que a participação percentual dos custos diretos de manutenção sobre a despesa bruta total se situe na faixa dos 3%, podendo chegar a 15%, dependendo do tipo de hotel e da qualidade do material nele empregado. Se tudo o que se usa constantemente tende a um desgaste natural com o tempo, no ramo hoteleiro, onde não há apenas um operador ou usuário do equipamento, esse problema é ainda mais comum.

Pode ser uma poça d'água no caminho do hóspede que chega, um miolo de fechadura emperrado, um ralo entupido, um espelho descascado, uma torneira que pinga, o serviço despertador que não funcionou, uma mesa que balança ou mesmo uma parede descascada. Tudo isso – facilmente percebido pelo hóspede – é, em síntese, um problema de manutenção (ou da falta de manutenção).

"O segredo do patrimônio hoteleiro é uma coisa chamada manutenção. Manutenção de um hotel é uma coisa cara e trabalhosa, em virtude da rotatividade. Dentro de um hotel, a manutenção exige detalhes como as roupas de cama, os travesseiros, os roupões... As coisas têm que funcionar perfeitamente. Toda a parte elétrica, os equipamentos, tudo. Até quando há interferência de fenômenos da natureza – caiu um raio e a antena parabólica pifou, por exemplo –, enfim, coisas alheias à nossa vontade, é preciso encontrar uma solução e deixar tudo perfeito para o hóspede."

Wisley Maciel, gerente da Capim Santo, Itaipava, Petrópolis, RJ

Os custos diretos de manutenção decorrem de gastos com a mão-de-obra, com materiais, peças e insumos, além da contratação de serviços de terceiros, quando o funcionário não encontra uma solução. Com instalações bem dimensionadas desde o início do projeto, além dos cuidados preventivos, até mesmo os custos operacionais podem ser reduzidos.

Objetivamente falando, o maior custo que pode ter um hoteleiro é o chamado custo de parada, que surge quando ele é obrigado a interditar uma de suas unidades habitacionais em função de um problema ocorrido em algum equipamento. Por exemplo: enguiçou o ar-condicionado em pleno verão ou o aquecedor da água do chuveiro em pleno inverno.

Todos esses custos são decorrentes da falta de manutenção e acarretam perdas, mas o problema acaba sendo equacionado, em maior ou menor espaço de tempo. O maior prejuízo para um hotel, entretanto, diz respeito aos custos invisíveis, aqueles que produzem perda de imagem, pela má qualidade do serviço prestado. Isso acontece quando o hóspede sai falando mal de um determinado estabelecimento.

Por isso, quando se começa a planejar um pequeno hotel, a fazer os estudos preliminares, não se pode deixar de pensar no que, à primeira vista, ainda está ainda muito distante: a manutenção de toda aquela estrutura, desde a limpeza diária até a vistoria constante de equipamentos de alta tecnologia, como mesas telefônicas e computadores.

Isso envolve escolhas como o tipo de piso para cada ambiente, padrão e tonalidade das tintas (cores escuras exigem mais iluminação), móveis e roupas de cama e banho de cada UH. Com materiais de boa qualidade, duráveis, permanentes, fáceis de limpar e funcionais, a manutenção do hotel é racionalizada e as despesas diminuem.

Deve-se ainda levar em conta que a concorrência se torna cada dia mais acirrada e que há uma tendência mundial de crescimento das expectativas de consumidores e clientes em relação à qualidade dos serviços que lhes são prestados. Assim, nenhum hoteleiro pode se dar ao luxo de arcar com o ônus da falta de qualidade.

Dicas de conservação

A começar pelos donos, toda a equipe da pousada precisa ser estimulada a desenvolver uma espécie de olho clínico e também rotinas-padrão em favor da manutenção do empreendimento e de suas instalações. A cada saída de hóspede (*check-out*) deve corresponder uma conferida geral das unidades habitacionais. Nada de lâmpadas queimadas, cortinas de box meladas, paredes sujas, ralos entupidos ou cheiro de mofo. Pelo menos uma vez por mês é interessante marcar uma vistoria geral em máquinas e instalações como forma de prevenir defeitos e estragos graves. A seguir, estão listadas algumas dicas de manutenção e conservação que podem auxiliar no dia-a-dia da administração do empreendimento.

▶ Uma lâmpada comum (de 60 ou 100 W), em uso diário e contínuo, dura em média 4 meses. Num *spot* com dois bocais, o ideal é evitar a sobrecarga de energia e não utilizar duas lâmpadas de 100 W para não acelerar a perda de uma delas. Como rotina, o melhor é compor com lâmpadas de 60 ou 40 W. O uso de luz indireta, em abajures e pequenas luminárias, tende a gerar alguma economia e retardar a substituição das lâmpadas.

▶ As lâmpadas frias (brancas), que viraram febre nacional durante o racionamento de energia, são notoriamente econômicas, mas muitas vezes deixam o ambiente com cara de escritório ou sala de espera de médico. Cuidado, portanto, na escolha do tipo de lâmpada fria que vai iluminar os ambientes da pousada. Algumas marcas oferecem o produto denominado lâmpada fria amarela, que torna o ambiente mais aconchegante.

▶ A pintura interna de apartamentos e salas de convivência deve ser refeita, se possível, de ano em ano.

▶ Na hora de escolher material para estruturação da rede hidráulica, deve-se dar preferência a canos de PVC. Os de ferro quase não são mais usados pelo fato de enferrujarem com grande facilidade. Com o tempo, a ferrugem vai se acumulando no interior dos canos e acaba por bloquear a passagem da água.

▶ Por uma questão de segurança, aquecedores a gás só podem ser instalados em ambientes arejados ou ventilados, independentemente do tipo do aparelho. Atualmente já existem modelos automáticos, que livram o hóspede da tarefa de ligar e desligar o aquecedor a cada banho. Isso acaba com o vai-e-vem de caixas de fósforo ou acendedores. A manutenção, nesse caso, é relativamente fácil e, a médio e longo prazos, o investimento elevado compensa bastante, porque o aparelho automático cria um diferencial de conforto para as unidades habitacionais. Recomenda-se uma vistoria especializada dos aparelhos a cada seis meses.

▶ O chuveiro (ou chuveiros) de cada unidade habitacional precisa ter as saídas de água sempre desimpedidas; resíduos que vão se acumulando devem ser retirados. Nada pior do que "banho de pingo". Na praia ou na serra, não importa: chuveiro ruim é um completo espanta hóspede. Com alfinete, agulha ou palito, a própria camareira ou arrumadeira pode fazer, uma vez por semana, uma limpeza caprichada de forma a garantir a operacionalidade do chuveiro, que precisa ter uma ducha forte e funcionar a plena capacidade.

▶ Se instaladas banheiras de hidromassagem, o pousadeiro deve ler com máxima atenção o manual de instrução do equipamento. Em seguida, redigir um breve resumo das funções e do modo de operação da banheira para fixar em local de fácil leitura, de forma que o hóspede possa tomar conhecimento desses dados assim que entrar no apartamento ou chalé. São inúmeros os casos de perda definitiva e enormes prejuízos em função de mau uso das banheiras. Desavisados, alguns hóspedes costumam ligar o equipamento vazio ou sem a quantidade de água adequada (não esperam a banheira encher); ou bloquear a saída de água dos misturadores, causando obstrução e a quebra da banheira.

Recursos humanos

Uma vez equipados os diversos setores da pousada, é tempo de pensar nas pessoas que vão cuidar da operacionalização do negócio. Claro que os donos têm aqui um papel especial, mas, no momento em que iniciam suas atividades, precisam contar com o auxílio de mais gente. A mão-de-obra, na medida do possível, deve ser capacitada para o trabalho na pousada.

A área de recursos humanos é especialmente sensível nos pequenos hotéis. Os funcionários precisam ser polivalentes, uma vez que as dimensões do empreendimento não permitem a contratação de especialistas para cada setor. Ao mesmo tempo, eles têm que ser treinados, educados e preparados para lidar com um público muitas vezes bastante exigente.

Boa parte dos proprietários de pousadas prefere orientar pessoalmente seus funcionários. Em alguns casos, a adaptação de mão-de-obra oriunda de outras áreas, diferentes da hotelaria, funciona bem.

"Eu tenho muita sorte com pessoal. Pego gente daqui mesmo e treino. Mas também não sou mesquinha para pagar. De vez em quando, temos algumas decepções: 'Tratei tão bem esse empregado e ele foi embora.' Eventualmente, vai mesmo. Não existe essa fidelidade."

D. Laura, Alcobaça, Corrêas, Petrópolis, RJ

"Qualquer empresa hoje, para ser competitiva, incluindo hotel, precisa ter normas e procedimentos. Eu tenho normas e procedimentos para recepção, para as camareiras, para o restaurante, para absolutamente tudo. Só consegui melhorar e alcançar esse padrão porque agi dessa forma. Até a rotina tem que ser agendada. Por exemplo: fazer o pedido na padaria a tal hora. Porque, senão, de repente não tem pão de manhã. Esqueceram... Nós temos uma agenda no computador e todos os funcionários sabem tudo o que precisa ser feito. No final do dia, vejo se tudo foi cumprido."

Wisley Maciel, Capim Santo, Itaipava, Petrópolis, RJ

Tanto nas localidades litorâneas quanto nos pequenos distritos rurais, verifica-se um deslocamento da mão-de-obra de atividades locais e tradicionais (pesca, serviço em fazendas, etc.) para o turismo. Ao absorver essas pessoas, o setor contribui com o desenvolvimento regional e evita o êxodo para as grandes cidades.

Não se deve descartar, contudo, a possibilidade de fazer um contato com as instituições de formação mais próximas, que mantêm bancos de dados com os egressos de seus cursos. Muitos deles sonham com os grandes hotéis, mas há sempre aqueles que se dispõem a ir para lugares menores, preferindo uma vida mais tranqüila, com possibilidade de emprego e moradia.

O importante é pensar no assunto com antecedência e procurar sempre alternativas, caso os primeiros chamados não correspondam à expectativa. Quando a oferta de mão-de-obra é grande, pode-se manter alguns nomes arquivados, com seus respectivos currículos, para uma eventual convocação futura.

Nos pequenos hotéis, as tarefas de registro de empregados, folha de pagamento e recolhimentos trabalhistas são normalmente realizadas pelo escritório de contabilidade ou contador contratado. Mas o recrutamento e o treinamento – processos permanentes – dificilmente podem ser delegados.

"Todos os nossos funcionários são daqui, treinados por nós. Na verdade, treinamos menos do que gostaríamos. Sentimos falta de algum tipo de treinamento mais formal, na maneira de arrumar a cama, de lidar com o hóspede. Isso tem que ser compensado com espontaneidade, com uma certa disponibilidade, com a nossa presença. Porque, da mesma forma que estamos junto ao hóspede, estamos junto ao funcionário. Temos que fazer com que eles percebam o que é a pousada, como é o negócio. Se a pessoa compra a sua idéia, aí ela passa a somar muito. Claro que ela tem que ter potencial, mas a gente também precisa pagar um salário que lhe garanta dignidade. Tem que pagar bem para que a pessoa possa trabalhar tranqüila. E, ainda, temos que dar oportunidade para que eles se aperfeiçoem, façam cursos sempre que possível..."

Marco Antônio, Casa Bonita, Alto da Maromba, Visconde de Mauá, RJ

Nos casos de hotéis com grandes variações sazonais na sua ocupação, o normal é manter um quadro fixo de funcionários e fazer contratações específicas, por período determinado, para a alta temporada. O número mínimo de pessoas necessárias para manter a pousada em funcionamento vai depender do perfil do empreendimento e das funções que forem assumidas pelos proprietários.

Atenção! Novidade no mercado

Marketing e divulgação

A pousada já foi concebida, projetada, construída e equipada. Os funcionários dão os últimos retoques, todas as encomendas chegaram, o vaso de flores está em cima da mesa. E os hóspedes?

Nada mais vai acontecer se alguém não se encarregar de 'vender' o empreendimento, de comunicar que ele existe, naquele determinado lugar. Em um pequeno hotel, a operação comercial do empreendimento também fica, normalmente, a cargo do proprietário.

Com base no perfil do negócio e no público que se quer atingir, é hora de partir para a derradeira etapa desta fase inicial: 'vender' a sua pousada, ou seja, divulgar a sua existência. Deve-se retomar aquela pesquisa de mercado inicial, as conversas com turistas e com amigos que gostam de viajar, somar o que se foi aprendendo ao longo do caminho, para finalmente definir e colocar em prática uma estratégia de marketing.

"Você precisa ter uma política de marketing muito agressiva, uma política de vendas verdadeiramente agressiva, para conseguir resultados. É igualzinho a um hotel grande, só que com uma estrutura menor."

Wisley Maciel, Capim Santo, Itaipava, Petrópolis, RJ

Não se pode esquecer que a principal característica do produto turístico é o fato de ele ser um bem de consumo abstrato, intangível. O turista compra uma promessa de satisfação. Além de fotos, a

67

única coisa que vai permanecer daquela aquisição é um conjunto relativamente indefinível de prazeres, sensações, experiências.

"Hoje em dia, não existe cliente fiel. Ele vai experimentar aqui, vai experimentar lá. Porque ele tem mil opções. Tem que se trabalhar em uma política de fidelização do cliente, de estreitamento de laços."

Wisley Maciel, Capim Santo, Itaipava, Petrópolis, RJ

Como ele escolhe esse produto? Antes de mais nada, o viajante escolhe um destino e o que quer fazer. Só depois pensa em onde se hospedar. Para vender um destino, é preciso uma ação complexa, que reúna poder público e empresariado, de preferência com a participação da comunidade. Os hoteleiros podem e devem participar dessas iniciativas.

Mas como 'vender' a pousada e fazer com que seja ela escolhida, em meio a outras tantas opções oferecidas pelo mercado? Como diferenciá-la, distingui-la? Cada empresário precisa responder muito objetivamente a essas perguntas e trabalhar em cima dessas informações, produzindo fotos e breves descrições, que serão seus recursos iniciais, a matéria-prima para toda a comunicação da empresa.

De acordo com os especialistas, o marketing hoteleiro consiste, basicamente, em planejamento (pesquisar quem são seus possíveis hóspedes e que serviços desejam) e ação (com a venda de serviços a esses clientes e, se possível, motivando-os a voltar).

"Um elemento de venda fundamental para nós é essa coisa de ser pequeno. Pequeno e charmoso. Esse slogan serve para todo mundo: é pequeno, charmoso, aconchegante, simpático, familiar. Coisas desse tipo. Porque as pessoas estão saindo das grandes cidades também para fugir daqueles clichês, daquela pasteurização no atendimento. Aqui o sujeito liga e fala com o dono. Ele sabe com quem está lidando. E isso é um fator de marketing inegavelmente arrasador."

Luís Alves, Olho D'água, Maringá, Visconde de Mauá, RJ

Comunicação

A comunicação é o instrumento de que o empresário dispõe para informar ao mercado que seu negócio existe e que tem condições de atender seus potenciais clientes. Essa ferramenta, contudo, é multifacetada, isto é, possibilita vários tipos de recursos, que podem ser utilizados simultânea ou sucessivamente. Mas a combinação de alguns deles costuma ser a melhor opção.

Como já se viu, pelos depoimentos dos entrevistados, um pequeno negócio hoteleiro é, sem dúvida, uma boa alternativa de investimento, com retorno praticamente garantido, a médio e longo prazos. Tradicionalmente, fala-se em aproximadamente cinco anos para uma pousada se consolidar e em cerca de dez para começar a pagar a aplicação inicial.

O sucesso – e, principalmente, o tempo necessário para chegar lá – requer a reunião de uma série de fatores, mas depende sobretudo de um empreendimento bem montado, bem estruturado, bem gerenciado e bem divulgado.

"A meta que se quer atingir é uma coisa, o tempo que isso vai levar para chegar lá é outra. O ideal é que você contrate uma pessoa que vá ao nicho de mercado buscar esse cliente, para que um ano depois de começar a funcionar você possa se considerar estabelecido."

Wisley Maciel, Capim Santo, Itaipava, Petrópolis, RJ

Tradicionalmente, para divulgar um produto era preciso:

❯ pagar por anúncios (propaganda), em veículos para o público em geral ou de circulação dirigida

❯ contratar uma assessoria de imprensa para tentar conquistar algum espaço editorial (matérias não pagas)

❯ produzir cartazes, *folders* e outros materiais de divulgação

❯ recorrer à mala direta

❯ patrocinar eventos culturais, esportivos ou comunitários

▶ convidar pessoas famosas para conhecerem o estabelecimento (e torcer para que falem bem do hotel) ou fornecer informações para colunas sociais

Tudo isso continua sendo possível e deve ser utilizado, dependendo da estratégia de marketing e do público a ser atingido. Na realidade, todas as formas podem ser testadas. Com o tempo, o empresário avalia de onde está obtendo o melhor retorno e ali concentra seus maiores esforços.

A contratação de profissionais de *design* e de uma assessoria de comunicação ajuda bastante. Os primeiros vão criar uma logo-marca, cartões, *folders*, mapas, material para publicidade (anúncios), sinalização interna, a programação visual dos cardápios, instruções para hóspedes e vários outros itens que podem tornar a pousada mais charmosa.

O pessoal de comunicação fica encarregado da produção de textos e fotos – que serão utilizados tanto pelo *designer* quanto para a mídia impressa e a internet – e da divulgação propriamente dita: enviar *releases* ou *press kits* para os vários veículos (especializados ou não), sugerir matérias, anunciar novidades ou promoções, em suma, criar maneiras de atrair a atenção dos jornalistas e de estimulá-los a escrever sobre o seu negócio.

Em várias ocasiões, para garantir a ocupação da pousada, será preciso gerar algum tipo de novidade para atrair mídia e, conseqüentemente, fomentar o interesse do público pelo seu negócio. Em outras palavras: vai ser preciso chamar atenção dos veículos de comunicação – jornais, TVs, revistas especializadas, etc. – para o empreendimento. Se a pousada tem uma característica especial, como uma sede estruturada num casarão histórico, um restaurante típico, um método diferenciado de aquecimento dos chalés, um espaço dedicado a ginástica holística ou outra particularidade qualquer, vale explorá-la ao máximo. Novas pousadas surgem aos montes a cada início de temporada, a cada período de férias e, portanto, aquelas que apresentam diferenciais interessantes têm mais chance de ser procuradas e bem ocupadas.

Um exemplo clássico no rol dessas novidades são as semanas ou fins de semana gastronômicos, promovidos por uma pousada ou por um conjunto delas. Os festivais do vinho e da cachaça, famosos em algumas regiões do país, também podem ser incluídos no grupo dos "eventos-chama-mídia" que geram público e garantem a possibilidade de ter a casa, ou melhor, a pousada cheia. Individualmente ou em grupo (com outros colegas pousadeiros), é preciso estar sempre atento no sentido de colocar em prática idéias e ações inovadoras que retornem em forma de ocupação das uni-dades habitacionais.

Releases são textos com informações básicas enviados pelas assessorias de imprensa para jornais, revistas, emissoras de TV e sites, na intenção de motivá-los a dar notas ou produzir matérias sobre o assunto. *Press kits* são compostos de pelo menos um *release* (podem conter outros textos com dados sobre a região, os proprietários ou qualquer outra coisa que ajude a despertar o interesse), fotos (preferencialmente coloridas) e demais materiais de divulgação (cartões, *folders*, mapa, etc.). Geralmente o *press kit* é entregue em uma pequena pasta, que pode ter a logomarca da empresa na capa.

Internet

A internet tornou-se, especialmente a partir do final dos anos 90, uma poderosa ferramenta para os empreendedores de turismo. Boa parte dos viajantes do século XXI, quando pensa em um determinado destino, senta-se diante do computador e recorre aos mecanismos de busca mais populares para verificar se interessa realmente visitar aquele lugar e para conhecer as alternativas de hospedagem e alimentação disponíveis.

Por isso, um site bem feito – com fotos que mostrem tanto o ambiente externo quanto o interno, e textos curtos e objetivos, adicionando informações básicas sobre o estabelecimento – pode dar um grande impulso ao negócio, acelerando a sua consolidação. Além disso, é fundamental cadastrá-lo nos principais mecanismos de busca para que seja facilmente encontrado.

Atualizações periódicas, de textos e fotos, dão dinamismo ao site e permitem mostrar as novidades da pousada. Servem também para anunciar pacotes promocionais, tarifas especiais ou qualquer outro tipo de inovação criado pelo proprietário, na tentativa de ampliar o universo de seus hóspedes.

O importante é ter em mente que o trabalho de comunicação e marketing será uma preocupação permanente daqui por diante. Em cada etapa da evolução do negócio, haverá necessidade de avaliar, revisar e reformular esses procedimentos, adequando-os às novas realidades.

Importante lembrar, entretanto, que de nada adianta fazer todos esses investimentos em comunicação se o atendimento e os serviços que o hotel oferece não tiverem um padrão que atenda à expectativa gerada por seu material promocional.

Política de preços

Uma pousada que está abrindo as portas para seus hóspedes precisa, ao mesmo tempo, ter uma política definida de preços e ser bastante flexível para adequá-los à realidade do mercado. O fundamental é praticar preços que sejam considerados justos, em relação àquilo que é oferecido.

Mas o que é um preço justo? A concorrência é, naturalmente, um parâmetro que não pode ser ignorado. É preciso conhecer os preços praticados pelos hotéis da região e saber o que eles oferecem em troca desses valores. Não se pode esquecer, nessa avaliação, que os outros são mais experientes, mais conhecidos e, portanto, mesmo que o padrão da pousada recém-aberta seja equivalente, há um longo caminho a ser percorrido. Pode-se fixar o preço com base nas análises de custos e de acordo com o poder aquisitivo da clientela. Mas é fundamental perceber que não há preços permanentes em hotelaria. Eles precisam ser constantemente revistos e modificados, em função de períodos da semana ou do ano, de acordo com a demanda.

No meio turístico, tanto hotéis quanto companhias aéreas têm preços de baixa e alta temporadas, preços de fim de semana e para os dias úteis. Em algumas cidades, onde é forte o turismo de negócios, os dias de semana costumam ser mais caros e os fins de semana, mais baratos. Nas praias e nas montanhas, ocorre o inverso.

O ramo hoteleiro, em geral, estabelece o chamado "preço balcão", que fica afixado na recepção e serve de referência para os descontos. A definição clara de uma política de descontos permite mais flexibilidade nas negociações com clientes e dá margem à direção do hotel para trabalhar no sentido de reduzir sua capacidade ociosa.

Não se pode esquecer, entretanto, que o preço é um dos componentes que fazem parte da imagem do hotel. Se a intenção, por exemplo, for atender a uma clientela sofisticada, é preciso ter sangue frio e manter os preços em um determinado patamar, mesmo que isso signifique em alguns momentos muitas UHs desocupadas. O seu hóspede-alvo não vai gostar de conviver com pessoas de um padrão muito inferior ao dele só porque a pousada estava precisando fazer um dinheirinho rápido. E muito menos vai recomendar o estabelecimento para os conhecidos.

Mas também não adianta fixar um determinado valor considerado que se julga ideal e permanecer com a pousada vazia. Os preços contêm uma certa elasticidade que pode ser conferida e ajustada em função da reação do público. Um bom exemplo é o caso dos hotéis de praias badaladas durante o alto verão. Eles podem aumentar seus preços habituais e mesmo assim dificilmente permanecerão com algum quarto vago – um caso de demanda elástica.

A demanda é considerada inelástica quando ela se revela pouco sensível às variações de preços. Um caso típico costuma ser o Natal, época em que, por tradição, as pessoas preferem estar com a família a viajar. Dificilmente alguém se sensibiliza por um bom desconto nesse período do ano.

O tamanho do desconto

O que se observa mais freqüentemente é que na baixa temporada os valores das diárias caem em média 30% em relação ao chamado "preço cheio" ou "preço balcão", cobrado pelas pousadas nos períodos de grande demanda. No caso de promoções e pacotes, a diferença pode chegar a 40%, para motivar o hóspede a permanecer mais tempo no hotel.

Os hóspedes estão chegando

"Hotel é uma coisa que deve que ser descontraída, mas tem que funcionar. Tem gente que acha que um hotel, uma pousada, é como se fosse uma casa. E pensa que quem cuida de uma casa cuida de um hotel. Mentira. Não é nada disso. A partir do momento em que você fez uma pousada, aquilo não é mais seu, é do cliente. Tem que funcionar – e bem – para atendê-lo."

Wisley Maciel, Capim Santo, Itaipava, Petrópolis, RJ

Para colocar o hotel em funcionamento, todos os ambientes devem estar equipados, decorados e prontos para receber os hóspedes. Mas nada disso resolve se não houver mão-de-obra, de preferência capacitada, para operar o empreendimento.

Essa estrutura toda precisa de um comando que, no caso dos pequenos estabelecimentos hoteleiros, fica geralmente a cargo dos proprietários. Há quem pense em contratar um gerente para tocar o negócio. São poucas, entretanto, as pousadas iniciantes com condições de contratar um bom gerente.

Mesmo aqueles que já estão consolidados, com mais de 10 anos de experiência, encontram dificuldades para manter essa pessoa – qualificada, responsável e que aceite trabalhar por um valor compatível com as dimensões do pequeno hotel. De qualquer forma, no início, pelo menos, o dono precisa mergulhar de cabeça no negócio.

"Aqui, não deu certo ter gerente. Fizemos uma experiência com uma pessoa de quem eu gostava muito, mas não deu certo. Ficava eu tropeçando na gerente e ela em mim. Nosso hotel é muito pequeno. Gerente é para uma coisa bem maior."

D. Laura, Alcobaça, Corrêas, Petrópolis, RJ

"Nós não temos gerente. Por enquanto, nós é que tocamos a pousada. A médio prazo, pensamos em ter um gerente. Acho que será um caminho natural. Mas nós não pretendemos nos afastar do comando, apenas ter alguém para ajudar."

Marco Antônio, Casa Bonita, Alto da Maromba, Visconde de Mauá, RJ

A grande dificuldade do iniciante é que, independentemente do número de unidades habitacionais, para colocar um pequeno hotel em funcionamento, há necessidade de uma estrutura básica praticamente igual à de um grande estabelecimento. E a principal diferença entre o pequeno e o grande é o acúmulo de funções exigido de cada pessoa, a começar pelo dono/gerente.

Atividades básicas em uma pousada

▶ gerência/administração/comercial

▶ recepção/telefonia

▶ governança (limpeza/lavanderia)

▶ cozinha/bar

▶ jardinagem/manutenção

Qualquer empreendimento hoteleiro, independentemente do seu porte, compreende quatro processos organizacionais: hospedagem, alimentos e bebidas (A&B), comercial e administrativo, ficando a cargo deste último as áreas de compras, segurança, recursos humanos e manutenção.

Processo de hospedagem

O processo de hospedagem tem várias etapas, que serão abordadas gradativamente. O ponto de partida, entretanto, é dispor de unidades habitacionais equipadas e prontas para receber os hóspedes, o que envolve uma série de equipamentos (rouparia) e uma série de procedimentos, que vão desde a limpeza impecável até a colocação de um vaso de flores em cima da mesa.

Recepção

Para que o hóspede chegue até as unidades habitacionais, é preciso uma recepção que possa atender (pessoalmente e por telefone) os interessados, fornecer preços, explicar as condições de hospedagem, responder às dúvidas do cliente, fazer reservas e manter sempre atualizado um quadro de ocupação/reservas das UHs.

O encarregado desse serviço é uma pessoa-chave na estrutura do hotel, pois poderá 'conquistar' um hóspede com um bom atendimento ou perdê-lo, se não desempenhar bem seu papel. Educação, gentileza, simpatia, paciência – candidatos a hóspedes muitas vezes são meticulosos e repetitivos em suas perguntas – e um certo jogo de cintura são fundamentais.

Um português correto também é imprescindível, bem como um tratamento respeitoso (senhor, senhora, etc.). Dependendo do perfil do estabelecimento, essa pessoa deverá saber línguas estrangeiras e ter autonomia para tomar decisões básicas relativas ao processo de reservas. Exemplo: é possível colocar uma cama-extra em determinado quarto?

A recepção é também encarregada de executar os procedimentos de *check-in* (entrada) – com preenchimento de fichas, fornecimento de informações sobre o funcionamento da pousada, encaminhamento de hóspedes e bagagem às UHs – e de *check-out* (saída), totalizando as contas e recebendo o pagamento.

Para que esse trabalho seja mais eficaz, é aconselhável manter uma conta corrente para cada UH, onde são registradas todas as despesas do hóspede, de modo que, na saída, seja necessário apenas somar tudo, acrescentar a taxa de serviço e descontar algum eventual depósito.

Nos hotéis pequenos, a recepção é ainda encarregada de algumas necessidades dos hóspedes durante o período em que lá permanecerem, como comunicação interna e externa, controle de chaves, guarda de valores e objetos e serviço despertador. Pode ser requisitada para fornecer informações sobre passeios, serviços disponíveis na região, mapas, indicações de restaurantes, etc. Por isso é importante estar sempre atualizado com as opções turísticas do local.

Governança

De nada adianta uma unidade habitacional muito bem montada e uma recepção eficiente, se os serviços de arrumação, faxina, limpeza de UHs e áreas sociais do hotel não funcionarem com perfeição. O conjunto dessas atividades recebe o nome de governança – um setor que envolve ainda a manutenção de plantas internas e a lavanderia.

Uma boa faxineira pode saber limpar uma casa, mas um hotel exige um pouco mais que isso. Nas UHs, é preciso arrumar a cama com rigor e capricho e repor toalhas, roupões e tapetinhos, além de sabonetes e papel higiênico. Se a pousada fornecer outros itens, como touca, xampu, sais de banho, aparelho de barbear, etc., eles também deverão ser renovados.

Existem basicamente dois tipos de limpeza a serem executados em uma unidade habitacional: quando o hóspede deixa o hotel e quando ele permanece mais do que uma noite. A primeira, realizada após o *check-out*, é mais demorada, consome mais material de limpeza e exige a substituição de toda a roupa de cama e banho. A segunda demora menos e, dependendo do sistema adotado, permite que a cama seja apenas arrumada, com troca de toalhas e reposição do material (normalmente de banho) que foi usado.

Nos casos de longas permanências dos hóspedes, como em períodos de férias, é necessário que, pelo menos uma vez por semana, seja realizada uma faxina geral, como a feita nos *check-outs*.

Normalmente, o serviço de limpeza das UHs é executado quando as pessoas deixam os quartos. Nos hotéis de lazer, contudo, os hóspedes podem permanecer longos períodos no interior dos apartamentos ou chalés, dificultando o trabalho da camareira. Para evitar problemas, é preciso ter regras claras: até determinada hora, os quartos são arrumados; depois disso, só no dia seguinte.

A camareira deve ser instruída a reportar ao gerente ou proprietário toda e qualquer irregularidade que observar nas UHs, para que possam ser tomadas as providências necessárias no seu devido tempo.

Dependendo do número de funcionários e da acumulação de funções exigida por um pequeno estabelecimento, a mesma funcionária tem que verificar os equipamentos (TV, som, controles remotos, etc.), ver se as lâmpadas e pilhas estão boas, enfim, se tudo está em perfeito estado, pronto para manter o hóspede satisfeito.

Caso exista frigobar nas UHs, a camareira (ou o garçom) deve anotar o que foi consumido e encaminhar para a recepção, substituindo bebidas e salgadinhos ou doces. O que não pode acontecer é o hóspede chegar no quarto com sede e constatar que as bebidas consumidas não foram repostas. Além de mostrar ineficiência, isso reduz a possibilidade de ganhos do hotel, estimulando o cliente a adquirir esses produtos em outro lugar.

Lavanderia

Fica a cargo da lavanderia o trabalho de lavar e passar as roupas do hotel e, eventualmente, dos hóspedes. Embora quem viaje para um fim de semana ou para uma temporada de férias normalmente carregue toda a roupa que imagina usar, é preciso levar em conta a possibilidade de que ocorram imprevistos e que o hóspede tenha que usar a lavanderia do hotel.

Existem atualmente várias opções de equipamentos industriais para lavanderias de hotel, mas é bem possível que, pelo menos no primeiro momento, uma pequena pousada não tenha condições de adquiri-los. Nesse caso, uma máquina de lavar e uma máquina de secar domésticas resistentes e com boa capacidade podem resolver.

Entretanto, logo que a situação melhorar e houver alguma reserva financeira, deve-se pensar em adquirir um desses equipamentos profissionais, pois, além de serem mais adequados, eles otimizam o uso de sabão e amaciantes, proporcionando maior economia desses produtos – sem falar nas pessoas, que podem executar outros serviços enquanto as máquinas trabalham.

Ao dimensionar a lavanderia, é bom prever o uso de equipamentos industriais (lavadora e calandra), mesmo que inicialmente se improvise com máquinas domésticas. Isso evita que, mais tarde, seja necessário ampliar suas instalações ou instalá-la em outro lugar.

Além disso, deve-se organizar o fluxo das roupas, de modo que as sujas – que estão chegando das UHs – não se misturem com as limpas. Por isso, a lavanderia deve ter uma área destinada à entrada das roupas sujas e outra, por onde elas saem, limpas, para serem passadas (a ferro ou na calandra).

Rouparia

Junto à lavanderia, deve haver uma área reservada para a rouparia, isto é, para guardar as roupas limpas e passadas. De preferência, recomenda-se que seja fechada, mas arejada, num lugar que receba insolação direta, para que as roupas não fiquem com cheiro de úmidas ou de mofo.

Nesse local também podem ficar cobertores, edredons, capas de edredons, travesseiros (e capas) de reserva e até camas-extra, se for o caso. Convém, entretanto, como já dissemos, deixar algumas mudas de roupa de cama e banho próximas às UHs (nas áreas de apoio) para emergências.

Mesmo em uma pequena pousada, deve haver um controle do estoque, para evitar problemas com a falta ou o desvio de material e de roupas. Para isso, a rouparia deve ter fichas em que constem os estoques iniciais e anotações periódicas, com as quantidades disponíveis de cada peça (toalha de banho, de rosto, lençóis, fronhas, etc.).

A camareira deve ser instruída a comunicar imediatamente à gerência ou ao proprietário se constatar a falta de qualquer peça de roupa nas UHs. Esse cuidado é diário, mas precisa ser ainda mais rigoroso no *check-out*, como forma de evitar prejuízos e aborrecimentos.

Processo de alimentos & bebidas

Um questão que sempre se coloca ao proprietário de um pequeno hotel é que serviços oferecer além da hospedagem. Para isso, não há regra. Depende da localização da pousada, dos costumes locais e do interesse dos donos.

Alguns empreendimentos começam como restaurantes e, pouco a pouco, se transformam em pousadas; outros têm a pousada estabelecida e fazem da cozinha um de seus principais atrativos; mas há aqueles que servem apenas café da manhã e não vêem mercado para ampliar a oferta de serviços nesse setor.

"Começamos com uma criação de trutas, antes mesmo de pensar em pousada. Depois, passamos a manufaturar a truta, fazer patê, etc. Chegamos a ter uma colônia de férias, mas acabamos partindo para um restaurante, em que o prato principal era a truta. Só depois decidimos alugar uma suíte, que tinha sido nosso quarto, e fizemos os dois primeiros chalés."

Deise, Tankamana, Itaipava, Petrópolis, RJ

"Nosso restaurante é aberto ao público e muita gente que tem casa na região vem comer aqui. Ele funciona a semana inteira, como a pousada. É um restaurante pequeno, mas eu acho que está cada vez melhor. Há pouco tivemos que aumentá-lo para colocar mais mesas. É uma coisa de que eu gosto, que me dá prazer."

D. Laura, Alcobaça Corrêas, Petrópolis, RJ

As opções para o pousadeiro são: servir apenas café da manhã, adotar o sistema de meia pensão (café da manhã e mais uma refeição, almoço ou jantar), pensão completa (café da manhã, almoço e jantar) ou incluir o café da manhã na diária e ter um restaurante com serviço *à la carte*, isto é, com cardápio, onde o hóspede escolhe o que vai comer e paga separadamente essa despesa.

A localização da pousada tem muita influência nessa escolha. Por exemplo: se é perto da praia, talvez o hóspede só volte à pousada à noite; se há restaurantes por perto, pode não ser necessário servir outras refeições.

Café da manhã

Vamos nos ater ao serviço de café da manhã, considerado indispensável mesmo em uma pequena pousada. Não é preciso muita sofisticação nem uma produção muito complicada, mas é importante oferecer o básico, bem-feito e com fartura.

Há, inicialmente, uma decisão a tomar: servir à mesa ou preparar um bufê onde os hóspedes escolhem o que quiserem? A primeira alternativa exige obrigatoriamente a presença de um funcionário (garçom ou garçonete) no salão, pronto para atender os desejos dos hóspedes; a segunda, requer apenas alguém (especializado ou não) que esteja atento às necessidades de reposição dos gêneros que estiverem faltando no bufê.

Como o café da manhã ocupa apenas a primeira metade do dia, é perfeitamente possível que o funcionário encarregado desse serviço realize outras tarefas (na lavanderia ou no atendimento telefônico, por exemplo) no período restante. Dependendo das dimensões e do padrão do hotel, podem ser necessárias duas pessoas: uma para atender no salão e outra para atuar na cozinha, preparando sucos, café, esquentando pão, fazendo ovos mexidos, etc.

O cardápio mínimo para um café da manhã deve ter suco de laranja, frutas (mamão, melão, melancia, etc.), café preto, leite, chás, pão (de preferência, mais de uma opção), queijo, manteiga e geléias. Para melhorar, pode-se acrescentar um segundo suco de frutas, diferentes tipos de pão (salgado e doce), bolos, mais de um tipo de queijo, frios, ovos, iogurte ou coalhada, cereais, etc.

Cozinha e despensa

No caso de pequenos hotéis, especialmente se a intenção for servir apenas café da manhã, a cozinha é chamada de individual – é quase uma cozinha doméstica. Mas se a idéia for ampliar mais adiante o leque de serviços, passando a oferecer refeições, a infra-estrutura terá que ser bem maior, com o uso de equipamentos industriais, citados no capítulo A construção, quando foram mencionados detalhes sobre o planejamento da cozinha e da despensa.

São necessários ainda: batedeira, liqüidificador, espremedor de sucos, conjunto de panelas (grandes e pequenas, frigideiras, leiteiras, chaleiras, etc.), além de incontáveis utensílios, como saca-rolhas, abridores, secadores de pratos e talheres, etc.

Na despensa, ficam mantimentos, bebidas para reposição rápida (o grosso do estoque deve permanecer no almoxarifado), faqueiros (é bom ter dois completos, com 12 peças de cada tipo), louças (duas dúzias de cada peça), pratos, travessas, cestinhas de pão, conjuntos de bases com tampa para bolos, queijos, etc., mais uma grande variedade de copos de todos os tipos (água e refrigerantes, vinho tinto, vinho branco, sucos, cerveja, champanhe, conhaque, etc.). Mais uma vez, o perfil da pousada vai determinar a quantidade e a variedade da louçaria.

Se houver um frigobar nas UHs, é preciso ter copos disponíveis para acompanhá-lo. Pelo menos dois para água/refrigerantes e dois para cerveja ou vinho, dependendo dos hábitos da região.

Processo administrativo

Uma pequena pousada dificilmente terá um setor que se dedique exclusivamente à administração do empreendimento. Normalmente, o proprietário é o encarregado dessa área, com o auxílio de um contador, embora as tarefas sejam numerosas:

1) **Compras** – recebe os pedidos de compras, faz tomada de preços, cadastra fornecedores, efetua as compras, recebe as mercadorias, confere, verificando qualidade e quantidade e distribui aos diferentes setores do hotel.

2) **Estoques** – em um pequeno hotel, parte dos estoques fica na própria despensa (uso imediato) e parte vai para o almoxarifado. É bom definir um estoque mínimo e um máximo para cada produto, levando em conta que, em uma economia estável, os estoques devem se manter baixos. A entrada e a saída de mercadorias do almoxarifado têm que ser sempre registradas.

3) **Custos** – faz o controle financeiro das mercadorias, dos materiais e bens patrimoniais. Encarrega-se também da auditoria das roupas de cama, mesa e banho; das louças, dos copos e dos demais utensílios de bar e cozinha; dos equipamentos e insumos usados pela manutenção; dos produtos de custo direto (bebidas, alimentos, etc.) e do estoque físico do almoxarifado.

4) **Contas a pagar** – controla as despesas e se encarrega de efetuar os pagamentos nos devidos prazos.

5) **Contas a receber** – cuida da receita do hotel, emite duplicatas e avisos de cobrança, encaminha boletos de cartão de crédito para os bancos, etc.

6) Contas correntes/caixa – lança despesas diárias dos hóspedes, fecha contas e recebe os pagamentos.

7) Escrituração contábil e fiscal – uma série de tarefas necessárias para cumprimento da legislação, geralmente realizadas com o auxílio do contador.

Segurança

Nas pequenas pousadas do interior, um dos privilégios é, em princípio, não haver grandes preocupações com segurança. Mas não se pode também achar que nunca vai acontecer algum problema. Por isso, convém manter em local conhecido e de fácil acesso os números de telefone da polícia local.

Quando há cofre nas unidades habitacionais, o hóspede pode deixar lá os pertences que considerar mais valiosos. Há também a possibilidade de um cofre na recepção. Se não existirem essas facilidades, recomenda-se que eles mantenham as portas e janelas fechadas, quando não estiverem nas UHs.

Ao contratar funcionários, mesmo que sejam pessoas conhecidas, não custa nada orientá-los sobre o que pode ser arrumado e no que não devem mexer, para evitar problemas. Quando não se conhece a pessoa, deve-se procurar referências em lugares onde trabalhou anteriormente.

Além disso, não se pode esquecer que alguns hóspedes gostam tanto de uma toalha ou de um determinado enfeite que, na hora de partir, 'esquecem' que aquilo não lhes pertence e colocam 'descuidadamente' nas suas malas. Camareira e recepcionista, em parceria, podem evitar esses prejuízos, com uma rápida conferida nos quartos antes do *check-out*.

Em algumas pousadas próximas de centros urbanos, já há controles na portaria, porteiros eletrônicos e/ou câmaras de vigilância. Se essa prática estiver difundida na região onde o empreendimento está localizado, uma conversa com os moradores e empresários para saber quem fornece esse tipo de serviço vale a pena.

Informatização

Graças ao desenvolvimento da informática, hoje em dia praticamente todos os processos de um hotel podem ser admi-nistrados com o auxílio de um computador e de programas criados especialmente para essa finalidade. O pequeno pousadeiro talvez ache que, como está começando, não precisa dessa ferramenta.

Na realidade, o pequeno hotel é justamente o tipo de empresa que pode se beneficiar da informatização, já que uma única pessoa precisa desempenhar diversas funções. Todos os controles de compras, estoques, manutenção, consumo de material, além das rotinas administrativas e dos procedimentos ligados às reservas, às fichas de hóspedes e ao *check-out* cabem dentro de programas relativamente simples.

O utilitário *Office* (software da Microsoft) é apenas um exemplo no imenso grupo de programas que podem socorrer os pousadeiros nos primeiros tempos de funcionamento do hotel. Para quem já tem alguma familiaridade com a informática e suas maravilhas, o programa – que na verdade é um pacote de aplicativos com editor de texto, construtor de planilha, etc. – ajuda na elaboração de tabelas, realiza com eficiência cálculos simples, auxiliando no gerenciamento do negócio. Gera modelos de *folders* e outros instrumentos de marketing e propaganda. As dificuldades que possam ser sentidas nos primeiros tempos de uso dos programas logo serão compensadas pela eficiência das atividades gerenciais.

Há muitas alternativas prontas e acabadas no mercado, mas quem necessitar de algo bastante específico pode contratar um programador. Ao comprar um programa pronto ou ao encomendar um, não esqueça de incluir no pacote o treinamento de todos aqueles que vão lidar com o sistema, pois é fundamental que os funcionários conheçam ao menos as operações básicas do software.

Uma base de dados organizada constitui, ainda, uma poderosa ferramenta de marketing, permitindo a criação de malas diretas, cadastros de clientes e de fornecedores, etc. Ela possibilita também a personalização do atendimento, no caso de clientes que voltem ao hotel, com atendimento de suas preferências.

Tanto o funcionamento interno do hotel vai ser facilitado, quanto o seu relacionamento com clientes e fornecedores. Todos os grandes bancos oferecem serviços pela internet, muitos órgãos governamentais já podem ser consultados pela rede, fornecedores cadastram suas páginas nos principais mecanismos de busca, enfim...As facilidades são inúmeras.

Felizmente, não é preciso argumentar muito hoje em dia sobre os benefícios proporcionados pelo uso de computadores e programas adequados a um determinado empreendimento. Isso sem falar na internet como instrumento de divulgação e marketing, o que já foi tratado no capítulo *Atencão! Novidade no mercado.*

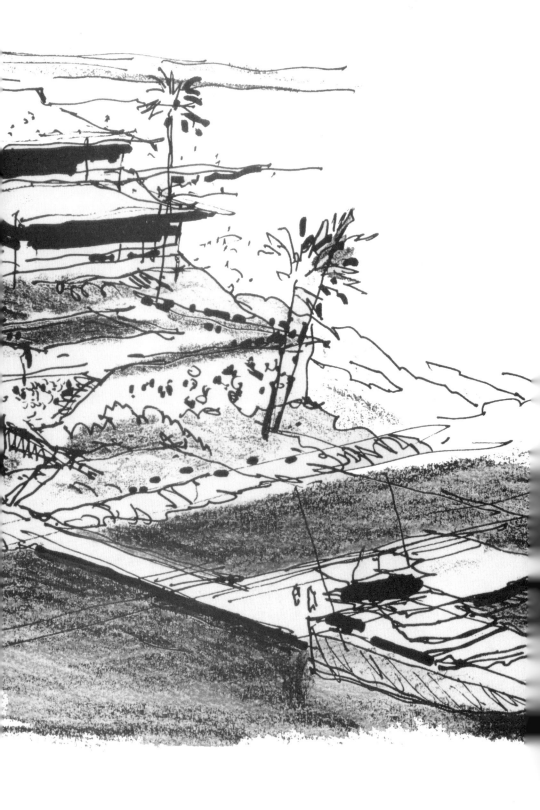

Cuidados com o meio ambiente

Cada vez mais, as preocupações com o meio ambiente ganham importância em todo o mundo, especialmente quando relacionadas ao Turismo. Rotinas para recolhimento e separação do lixo, para economia de recursos hídricos, manutenção de áreas verdes, entre outras muitas, são fundamentais. Sem natureza – e bem preservada –, boa parte da atividade turística se inviabiliza e a maioria das pousadas perde a sua razão de existir. No Brasil, que tem entre seus grandes atrativos turísticos o patrimônio natural, é importante a adoção de um gerenciamento ambiental no dia-a-dia dos pequenos negócios hoteleiros. Esse tipo de prática pode até se transformar em atração da pousada.

É bom levar em conta que o ecoturismo cresce, em média, 20% ao ano, enquanto o turismo convencional registra uma expansão em torno de 5%. Mesmo que não se pretenda explorar esse filão, os hóspedes em geral apreciam ficar em um hotel que se preocupa em preservar a região como um todo.

"Quem chega aqui é imediatamente despertado para um processo de completa comunhão com a natureza. Tudo na região é muito exuberante, de uma beleza singular. Acredito que depois de passar uns dias por aqui a pessoa volte para a casa com idéias novas e com o firme propósito de preservar os bens naturais."

Jane Eyre Valsecchhi Tatoni, Olho d'Água, Bonito, MS

A menor providência no sentido da preservação e valorização da natureza pode surtir o maior dos efeitos. Algumas questões para pensar logo de cara:

Lixo

Sabe-se que o lixo produzido pelo homem pode causar doenças e poluir o meio ambiente. Portanto, cuidar da coleta e do destino do lixo é uma forma de cuidar da saúde.

Algumas providências relativamente simples:

❯ forrar com saco plástico o latão onde é depositado o lixo para facilitar o manuseio e a limpeza; mantê-lo fechado para evitar a proliferação de insetos e ratos; lavá-lo constantemente com água, sabão e desinfetante

❯ adotar a coleta seletiva, separando os produtos recicláveis, como alumínio, vidro, papel, embalagens pet. Esses materiais podem inclusive render algum dinheiro ou servir como contribuição para escolas locais (algumas trocam grandes quantidades de latas de alumínio por computadores)

❯ espalhar por toda a área da pousada latinhas de lixo, facilmente identificáveis

❯ recolher latas vazias, caixas e sacos plásticos, pneus ou quaisquer outros recipientes que possam armazenar água da chuva e atrair mosquitos

❯ separar (mesmo que não se faça coleta seletiva) vidros e latas para evitar acidentes

❯ se houver interesse, é relativamente fácil produzir o adubo orgânico, a partir de restos de alimentos, folhas e galhos

❯ caso não haja coleta regular de lixo por parte do poder público local, é preciso estar informado sobre os procedimentos adotados na região em matéria de destinação final do lixo (às vezes existem pequenos depósitos, de onde ele é posteriormente recolhido)

Esgoto

Se até em algumas áreas privilegiadas das grandes cidades o saneamento básico ainda é uma promessa, o que dizer da periferia dessas mesmas metrópoles? E do interior do País, então? E do interior do interior, onde muitas pousadas estão localizadas?

Não há rede pública de coleta e, muito menos, tratamento do esgoto. Durante muitos anos, os poucos moradores desses lugares agora transformados em atrações turísticas lançaram seus dejetos nos rios, nas lagoas, em valas.

Com o crescimento do número de pessoas que freqüentam a região, aumenta o volume do esgoto – constituído de fezes, urina e águas procedentes de uso doméstico, comercial e industrial –, passando a exigir cuidados especiais, pois pode causar inúmeras doenças.

Onde não há rede pública de esgoto, é preciso fazer pelo menos fossas sépticas, com sumidouro. Se houver dúvidas sobre a melhor localização da fossa, vale uma consulta a alguém com experiência no assunto. Em qualquer hipótese, é necessário certificar-se de que está longe de cursos ou mananciais de águas.

Água

A água potável é fundamental para a sobrevivência humana e, conseqüentemente, também para a manutenção da vida útil de qualquer hotel. Nos centros urbanos, ela ainda recebe algum tipo de tratamento – adição de cloro, por exemplo –, mas em muitos lugarejos os moradores ainda fazem os seus próprios sistemas de captação, usando a água de nascentes, fontes, poços, cacimbas ou cisternas. Por isso, os pousadeiros precisam tomar alguns cuidados especiais:

▶ ao comprar o terreno para o empreendimento, examinar o que diz a escritura sobre a captação de água, com atenção redobrada para o caso de não existir nascentes próprias (a ausência de uma fonte de água nas redondezas pode inviabilizar o negócio)

❱ se for preciso construir poços, fazê-lo nas partes mais altas do terreno, bem distante das fossas e num nível acima delas

❱ manter os reservatórios com tampa, para evitar acidentes e a entrada de sujeiras e insetos, e limpá-los periodicamente

❱ dependendo da qualidade da água, pode ser necessária a instalação de filtros antes mesmo da caixa d'água, que devem ser regularmente limpos

❱ na dúvida, filtrar novamente ou ferver a água a ser bebida. Lavar sempre o filtro e trocar a vela

❱ nas imediações de uma fonte de água, não construir currais, chiqueiros e fossas

Hóspedes da Natureza

Em 1995, a *International Hotel Environment Initiative* (IHEI) produziu, em parceria com a Associação Internacional de Hotéis e Restaurantes (IH&RA) e o Programa das Nações Unidas para o Meio Ambiente (UNEP), um documento chamado *Environmental Action Pack for Hotels* (algo como Pacote de Ações Ambientais para Hotéis).

Trata-se de um manual prático, em linguagem simples e direta, com dicas e sugestões sobre o que fazer para melhorar o desempenho ambiental de cada setor do hotel. Contém ainda uma série de modelos de planilhas destinadas a acompanhar e avaliar a implantação das providências.

Cinco anos depois, a Associação Brasileira da Indústria Hoteleira (ABIH) decidiu fomentar a gestão ambiental dentro do setor, por acreditar no potencial multiplicador dos hotéis, que interagem de forma contínua e permanente junto a comunidade, parceiros, fornecedores, funcionários e hóspedes.

A partir disso, criou o seu próprio programa, chamado Hóspedes da Natureza, que inclui:

▶ consultoria especializada na área de gestão ambiental

▶ os direitos de tradução e adaptação à realidade brasileira do *Environmental Action Pack* da IHEI

▶ capacitação de recursos humanos

▶ cadastro de fornecedores ambientalmente responsáveis

▶ selo e certificado ambiental

▶ acesso a mercados e incentivos

(*) Mais detalhes sobre o programa encontram-se no site www.abih.com.br/hospedes/index.htm.

Quando o fim da história é apenas o começo de tudo

A partir de agora, com a possibilidade de ter boa parte das informações dessas páginas aplicadas ao universo prático de uma pousada, novas histórias certamente vão surgir. Novos empreendimentos virão ou serão remodelados e, com eles, vai se renovar o desafio do negócio que, ao olhar leigo, parece simples demais.

Depois da leitura deste livro, um candidato a pousadeiro ou mesmo o pousadeiro veterano terá constatado justo o inverso: quem topa uma empreitada do gênero e se dispõe a atuar como hoteleiro não lida com nada muito simples e tem pela frente trabalho, sério e demorado, e por um bom período de tempo. E em que medida esse trabalho (re) compensa?

A resposta para essa questão pode estar baseada em números e análises de mercado. É bem verdade que as estatísticas que envolvem o turismo guardaram, até aqui, uma certa distância deste livro, mas seria um erro não considerá-las em momento algum. Como qualquer outro tipo de negócio, pousadas estão sujeitas aos ventos da economia e da política social, isso para não falar em outras variantes. E, ao contrário de outros segmentos, as tendências traçadas para o setor são muito positivas. Nos últimos anos, o turismo foi considerado pelo governo federal uma área estratégica e, graças a esse enfoque, os negócios na área cresceram de forma expressiva. Diversos programas foram lançados e o turismo interno movimentou, às vésperas do ano 2000, em torno de US$ 13,2 bilhões.

Segundo o IBGE, o turismo atualmente envolve 52 diferentes segmentos da economia brasileira, empregando mão-de-obra de qualificação diversa, desde a mais especializada até a mais rústica. O crescimento do apelo turístico baseado na preservação da natureza, além do riquíssimo patrimônio histórico e cultural, faz com que o Brasil seja identificado pelos países desenvolvidos como vanguarda e integrante dos destinos potencialmente mais destacados do mundo nos próximos 10 anos. Em outras palavras, isso significa que os estrangeiros decidirão incluir o Brasil muito mais vezes em suas viagens. E, mais importante ainda: também os brasileiros tenderão a escolher destinos nacionais com maior freqüência. Segundo a Embratur, apenas 2,5% da população brasileira viaja para o exterior e, normalmente, quem opta por destinos nacionais tende a permanecer em sua própria região em 72% dos casos.

A expectativa, portanto, é que o Brasil prestigie cada vez mais o Brasil. E essa tendência, por si só, já é um estímulo e uma diretriz para quem pretende se descobrir como pousadeiro. Os ingredientes da boa receita da pequena hotelaria foram relacionados e discutidos neste livro, mas o resultado ideal da mistura de informações caberá a quem revelar coragem e ousadia, espírito empreendedor e organização na sua experiência pessoal de pousada.

Que venham os hóspedes!

Nos anexos a seguir estão reunidas e sistematizadas informações complementares sobre os entrevistados que participam do livro; dicas de sites interessantes para consultar na internet; um pequeno dicionário básico de termos relacionados à hotelaria e as siglas mais comumente utilizadas no dia-a-dia de uma pousada; além de alguns modelos de formulários, fichas e cadastros. Acompanhe:

Anexo 1 – Os entrevistados

Anexo 2 – Auxílio na internet

Anexo 3 – Pequeno glossário da hotelaria

Siglas mais usadas em hotelaria

Anexo 4 – Formulários, fichas, charts, cadastros, etc.

Anexo 1

Os entrevistados

Deise Cápua, proprietária da Pousada Tankamana. É formada em História. Nasceu em Petrópolis, viveu no Rio alguns anos e depois foi morar em Itaipava. Seu marido, Dário Cápua, é o responsável pela construção dos chalés e divide a administração da pousada, que funciona desde 1989. A Tankamana pertence ao Roteiros de Charme, tem 49 funcionários e 14 chalés.
Estrada Aldo Gelli, s/n – Vale do Cuiabá
Itaipava – Petrópolis, RJ
www.tankamana.com.br

Laura Góes, dona da Pousada da Alcobaça. Foi professora e diretora de escola em São Paulo, antes de decidir, com o marido, mudar de vida e transformar em pousada a casa que pertenceu à sua sogra. O empreendimento funciona desde 1991 em um antigo casarão em estilo normando construído em 1914 e cercado por um imenso jardim, do qual Laura cuida pessoalmente. A Pousada da Alcobaça tem 11 apartamentos e 20 funcionários, entre fixos e diaristas, que trabalham somente nos fins de semana.
Rua Agostinho Goulão, 298 (Estrada do Bonfim)
Corrêas – Petrópolis, RJ
www.pousadaalcobaca.com.br

Marco Antônio Compagnoni, proprietário, desde 1985, da Pousada Casa Bonita. Formado em engenharia metalúrgica na PUC-RJ, trabalhou em comércio exterior até que um problema de saúde (uma catarata diagnosticada quando tinha 35 anos) fez com que mudasse de vida. Marco Antônio cuida da pousada com o auxílio da mulher, Cássia, e, por três anos, atendeu seus hóspedes sem energia elétrica. Tem 12 funcionários e 16 unidades habitacionais.
Alto da Maromba
Visconde de Mauá, RJ
www.pousadacasabonita.com.br

Luís Carlos **Alves** da Silva, dono da Pousada Olho d'Água, iniciou sua vida profissional nas indústrias metalúrgica e nuclear, em São Paulo e Angra dos Reis (RJ). Antes de construir a Olho d'Água, arrendou durante nove anos outra pousada na mesma região, onde chegou em 1984, com 24 anos. Inaugurou sua própria pousada em1994. Hoje, a Olho d'Água tem cinco chalés e está prestes a ganhar mais dois. É a mulher de Luís Alves quem supervisiona a cozinha, onde trabalham três funcionários. Outros dois são exclusivos da pousada.

Centro de Maringá
Visconde de Mauá, RJ
www.olhodaguamaua.com.br

Wisley Maciel, gerente da Pousada Capim Santo. Trabalha em hotelaria desde 1987, em grandes hotéis como Rio Palace, Luxor e Rio Atlântica. Nascido no Espírito Santo, mudou-se para o Rio aos 4 anos de idade. É formado em Comunicação Social, com especialidade em Relações Públicas. A pousada foi inaugurada em 1995, também pertence à rede Roteiros de Charme, tem 18 unidades habitacionais e 26 funcionários.

Estrada Itaipava-Teresópolis
Rodovia Philúvio Cerqueira Rodrigues, 1910
Itaipava– Petrópolis, RJ

Nota: A pousada Capim Santo foi vendida em agosto de 2002 e trocou de nome, passando a se chamar Capim Limão. O então gerente Wisley Maciel deixou o posto para abrir uma consultoria própria, a WM Assessoria e Representação Hoteleira, que tem sede no Rio de Janeiro, no seguinte endereço: Rua da Alfândega, 115 sala 606.

Jane Eyre Valsecchhi Tatoni e Henrique João Ruas Pereira Coelho são os proprietários da Pousada Olho d'Água. Depois de uma temporada em Portugal, a historiadora e o advogado decidiram voltar ao Brasil para desenvolver um projeto de ecoturismo. Escolheram um lugar que já conheciam: Bonito, no Mato Grosso do Sul, e mudaram-se para lá em 1990. Depois de comprar e equipar uma chácara, em 1993, abriram a Pousada Olho d'Água. Eram, então, chamados de aventureiros. Hoje, nove anos depois, na área

de 65.000 m² de seu empreendimento, gerenciam 20 apartamentos e recebem brasileiros e estrangeiros durante o ano todo. A pousada fica a 300 km de Campo Grande e conta com 30 funcionários.
Rodovia MS 382 s/nº
Bonito, MS
www.pousadaolhodagua.com.br

Renato Sehn, proprietário da Pousada Ilha do Papagaio, é engenheiro e gerencia pessoalmente seu empreendimento com auxílio da mulher, Elizabeth. Começou seu negócio em 1993, atendendo os hóspedes em apenas cinco chalés. Em nove anos de atividade, conseguiu quadruplicar o número de unidades habitacionais e hoje, com 20 chalés, tem capacidade para receber até 48 hóspedes. Situada na ilha de propriedade da família de Renato, a 31 quilômetros ao sul de Florianópolis, no município catarinense de Palhoça, a Pousada Ilha do Papagaio emprega 25 funcionários entre maio e novembro. Esta equipe dobra de tamanho para suportar o maior movimento que ocorre entre dezembro e abril. Depois de apenas um ano de funcionamento, em 1984, a pousada foi convidada a integrar a rede Roteiros de Charme, onde permanece até hoje.
www.papagaio.com.br

Carlos Jorge Ramers, arquiteto há 20 anos, radicado no Rio de Janeiro. Construiu ou participou de projetos ligados à hotelaria no Rio Grande do Sul, Santa Catarina, Minas Gerais e Bahia.
www.habitatarquitetura.com.br

Rogério Zouein, advogado, especialista em questões ambientais, com escritório no Rio de Janeiro.

(*) *Os pousadeiros da região do Rio de Janeiro foram entrevistados durante o ano de 2002 e os profissionais do restante do país, no segundo semestre de 2002.*

Anexo 2

Auxílio na internet

A internet é hoje a maior fonte de informações disponíveis no planeta. Basta acessar um mecanismo de busca e selecionar algumas palavras-chave para encontrar um universo de possibilidades.

Selecionamos alguns sites ligados a assuntos abordados neste livro, mas como o conteúdo disponibilizado na Rede está em constante transformação, sugere-se ao interessado que navegue um pouco e descubra por conta própria as novidades. Para começar, pode-se consultar:

www.embratur.gov.br
Embratur – Instituto Brasileiro de Turismo

www.abih.com.br
Associação Brasileira da Indústria Hoteleira

www.equipotel.com.br
Feira anual de negócios de hotelaria e alimentação

www.revistahotelnews.com.br
Revista Hotel News

www.mma.gov.br
Ministério do Meio Ambiente

www.ibama.gov.br
Instituto Brasileiro do Meio Ambiente e dos Recursos Naturais Renováveis

Anexo 3

Pequeno glossário da hotelaria

All inclusive (tudo incluído) – define o sistema no qual todas as despesas (como refeições, bebidas alcoólicas e até gorjetas) estão incluídas na diária paga pelo hóspede.

All suites (apenas suítes) – hotel que tem apenas suítes (apartamentos com sala anexa).

Bed & breakfast (cama e café da manhã) – designa hospedagem econômica.

Bell boy – mensageiro utilizado em hotéis.

Budget – quando associado à hotelaria, designa estabelecimentos econômicos.

CHD – abreviação de *children* (crianças, dos 2 aos 11 anos).

Check in – embarque em companhia aérea ou procedimentos de entrada em um hotel.

Check out – procedimentos de saída de um hotel.

Collect call – ligação telefônica a cobrar.

Conciergerie – setor que atende pequenas necessidades do hóspede, como comprar ingressos para shows ou enviar flores.

Day use – utilização de quarto de hotel durante o dia.

Diária – usado para designar o período que está sendo reservado ou pago. Em alguns hotéis, as diárias começam e terminam ao meio-dia; em outros, às 14 h.

Early check in – entrada no hotel antes do horário normal.

Fitness center ou health club – área em hotéis que oferece massagem, sauna, relaxamento, condicionamento físico, piscina, etc.

INF – abreviação de infantil (0 a 2 anos).

King size bed – cama de casal de 1,86 m x 2m.

Late check out – saída do hotel após o horário programado. Em geral, a tolerância é de duas horas.

Lodge – casa/cabana/pousada.

Lounge – salão ou sala de estar de hotéis ou sala VIP de aeroportos.

MMAP – sigla que indica meia pensão (café da manhã mais uma refeição: almoço ou jantar).

No show – não comparecimento de um passageiro ao embarque ou de um hóspede em um hotel.

Overbooking – acontece quando uma empresa aérea vende mais lugares do que existem no avião ou quando um hotel reserva um número maior de UHs do que o disponível.

PAX – abreviação de passageiro.

Pensão completa – sistema de hospedagem que inclui as três refeições (café da manhã, almoço e jantar).

Queen size bed – cama de casal de 1,60 m x 2 m.

Transfer – translado.

Trip – viagem.

UH – abreviação de unidade habitacional, que pode ser um quarto, uma suíte, um chalé, um apartamento, etc.

Valet parking – estacionamento com manobrista.

VIP – do inglês, *very important person* (pessoa muito importante).

Siglas mais usadas em hotelaria

AC	apartamento com ar-condicionado
DBL	apartamento duplo
DLX	apartamento de luxo
DLY	diária
EAP	*each additional person* (cada pessoa a mais)
G	*guest* (hóspede/cliente)
OF	apartamento com vista para o mar
PAX	hóspede/cliente/passageiro
PP	*per person* (por pessoa)
PRKG	*parking* (estacionamento)
RES	reservas/central de reservas
SC	taxa de serviço
SGL	apartamento *single*
STD	apartamento *standard* (padrão)
STE	suíte
WC	banheiro no apartamento
WKLY	pacote de uma semana

Fonte: ABIH Nacional e outras publicações (vide Bibliografia)

Anexo 4

Formulários, fichas, *chart*, cadastros, etc.

Formulário de reserva simplificado (*slip*)

Chalé/apt.:   Diária/Pacote: R$

Nome e sobrenome:

Número de pessoas: Cama-extra:

Previsão chegada: Prev. saída:

Telefones:

Responsável: Data: Hora:

Depósito: Data: OK:

Ficha Nacional de Registro de Hóspedes (FNRH)

 GOVERNO DO ESTADO
SECRETARIA DE SEGURANÇA PÚBLICA

FNRH

FICHA NACIONAL DE REGISTRO DE HÓSPEDES

Pessoa Jurídica		Reg. EBT		
Empreendimento		Tipo	Cat	Telefone
Endereço	CEP	Município		UF

Favor usar esferográfica e letra de forma *Plese ball pont and block letters*

Nome Completo *Full name*   *Telefone Telephone*

Profissão *Occupation*	Nacionalidade *Nacionality*	Idade *Age*	Sexo *Sex*

Documento de Identidade *Travel document*

Número   Tipo   Órgão expedidor
Number   *Type*   *Issuing Country*

Residência permanente *Permanent adress*   Cidade, estado *City, State*País *Country*

Última procedência *Arriving from* (Cidade, País–*City, Country*)

Próximo destino *Next Destination* (Cidade, País–*City, Country*)

Motivo da Viagem *Purpose of Trip*
Turismo ☐☐   Negócio ☐☐   Convenção ☐☐   Outro ☐☐
Tourism   *Business*   *Convention*   *Other*

Meio de Transporte *Arriving by*

Avião ☐☐   Navio ☐☐   Automóvel ☐☐   Ônibus/Trem ☐☐
Plane   *Ship*   *Car*   *Bus/Train*

Assinatura do hóspede *Guest's signature*

Entrada	Saída
Data _____ Hora _____	Data _____ Hora _____

Acompanhantes ☐☐☐	UH nº	FNRH	Registro

Para uso da Embratur

Código ☐☐☐   Código ☐☐☐   Código ☐☐☐   Código ☐☐☐
País   Prof   Proced   Destino

Nota: *informações mínimas obrigatórias*

Chart ocupacional das unidades habitacionais (mensal)

Esta tabela permite ao pousadeiro desenhar uma espécie de perfil de movimento do hotel em cada mês do ano. Abre a possibilidade de ver, por exemplo, quais as unidades mais procuradas e em que períodos. De fácil confecção e preenchimento simples, o quadro pode ficar armazenado direto no computador, de forma que fique à mão, bem ao alcance do gerente ou do proprietário da pousada.

Unidades habitacionais (UHs) – Mês: abril										
	1	2	3	4	5	6	7	8	9	10....
Dias										
01 – 2f	-	-	-	-	-	-	-	-	-	-
02 – 3f	X		X		X			X	X	
03 – 4f										
04 – 5f										
05 – 6f										
06 – Sab	X	0	X	X	X	X	X	X	X	X
07 – Dom	X	0	X	X	X	X	X	X	X	X
...										
29 – 2f										
30 – 3f										

Legenda:

- = unidade desocupada
X = unidade ocupada
O = cortesia

Forecast ocupacional das unidades habitacionais (vendas antecipadas)

Este quadro serve para orientar um mínimo de planejamento no que diz respeito a reservas e vendas antecipadas da pousada. O controle estabelece tranqüilidade nos negócios e evita problemas com os hóspedes. O preenchimento é simples e, além de assinalar quais unidades estarão ocupadas em que dias, convém incluir na tabela observações úteis, como o nome do hóspede responsável pela reserva com seus respectivos telefones de contato. Veja o exemplo abaixo:

Unidades habitacionais (UHs) – Mês: dezembro										
	1	2	3	4	5	6	7	8	9	10....
Dias										
01 – 2f										
02 – 3f	X	X	X							
UH1, 2 e 3	Empresa ABC/ 5123-5123 – Contato Luis Rodrigues									
03 – 4f										
04 – 5f										
05 – 6f	X	X	X	X	X	X	X	X	X	X
UH 1 e 2	Carlos Mesquita/ 9999-9999 – UH 7 e 8 – Lucia/ 2123-2123, etc...									
06 – Sab										
07 - Dom ...										
30 – 3f										

Legenda:

X = unidade reservada e paga

Bibliografia

ABERTURA de hotéis e pousadas. Rio de Janeiro : SEBRAE/RJ, 1999. 24 p. (Educação Empresarial. Turismo).

ADMINISTRAÇÃO de hotéis e pousadas. Rio de Janeiro : SEBRAE/ RJ, 1999. 52 p. (Educação Empresarial. Turismo).

ANDRADE, Nelson; BRITO, Paulo Lúcio de; JORGE, Wilson Edson. **Hotel** : planejamento e projeto. São Paulo : Ed. SENAC São Paulo, 2000. 246 p. Il. Inclui bibliografia.

BARRETTO FILHO, Abdon. **Marketing turístico.** Porto Alegre : SEBRAE/RS, 1999.

DUARTE, Vladir Vieira. **Administração de sistemas hoteleiros :** conceitos básicos. São Paulo : Ed. SENAC São Paulo, 1996. 91 p. Il. (Apontamentos Hotelaria, 35). Inclui bibliografia.

KUAZAQUI, Edmir. **Marketing turístico e de hospitalidade :** fonte de empregabilidade e desenvolvimento para o Brasil. São Paulo : Makron Books, 2000. 216 p.

LICKORISH, Leonard John; JENKINS, Carson L. **Introdução ao turismo.** Tradução de: Fabiola de Carvalho S. Vasconcellos. Rio de Janeiro : Campus, 2000. 317 p. Título original: An introduction to tourism. Inclui índice e bibliografia.

LINZMAYER, Eduardo. **Guia básico para administração da manutenção hoteleira.** São Paulo : Ed. SENAC São Paulo, 1994. 94 p. Il. (Apontamentos Hotelaria, 9). Inclui bibliografia.

LINDBERG, Kreg (Ed.); HAWKINS, Donald E. (Ed.). **Ecoturismo :** um guia para planejamento e gestão. Tradução de: Leila Cristina de M. Darin. São Paulo : Ed. SENAC São Paulo, 1995. 292 p. Il. Título original: Ecotourism : a guide for planners andmanagers. Inclui bibliografia

MACEDO, Maria Auxiliadora de Abreu. **Os ilustres hóspedes verdes.** Salvador : Casa da Qualidade, 2001.

MARICATO, Percival. **Como montar e administrar bares e restaurantes.** 3. ed. São aulo : Ed. SENAC São Paulo, 2001. 204 p. Inclui bibliografia.

MARKETING para hotéis e pousadas. Rio de Janeiro : SEBRAE/RJ, 1999. 24 p. (Educação Empresarial. Turismo).

MOLETTA, Vânia Florentino; GOIDANICH, Karin Leyser. **Turismo ecológico.** Porto Alegre : SEBRAE/RS, 1998. 60 p. Il. (Desenvolvendo o Turismo,2)

_____. **Turismo para terceira idade.** Porto Alegre : SEBRAE/RS, 2000. 60 p. Il. (Desenvolvendo o Turismo,7)

_____. **Turismo rural.** Porto Alegre : SEBRAE/RS, 1999. 64 p. Il.(Desenvolvendo o Turismo,6)

RUSCHMANN, Doris van de M. **Marketing turístico :** um enfoque promocional. Campinas : Papirus, 1991. 124 p. (Turismo). Inclui bibliografia.

SENAC. DN. **Bem-vindo, volte sempre** / Joana Botini; Leonor Macedo Soares. Rio de Janeiro : Ed. Senac Nacional, 2001. 120 p. Il.

YAZIGI, Eduardo. **A pequena hotelaria e o entorno municipal :** guia de montagem e administração. 2. ed. rev. São Paulo : Contexto, 2000. 85 p. Il. Tab. (Turismo Contexto). Inclui bibliografia.

Senac em todo o Brasil

O Senac é uma instituição de Educação Profissional de caráter privado, mantida pelos empresários do setor de comércio e serviços. Desde sua criação, em 1946, as escolas do Senac já formaram mais de 40 milhões de profissionais. Para cumprir sua missão de desenvolver pessoas e organizações nos diversos setores do comércio e serviço, o Senac oferece cursos nos níveis básico, técnico e superior nas áreas de Saúde, Meio Ambiente, Turismo e Hotelaria, Gestão e Comércio, Informática, Moda, Beleza, Comunicação, Artes e Design, Telecomunicações, Idiomas e Tecnologia Educacional.

Com programações abertas a toda a sociedade, o Senac está presente nos 26 estados do Brasil e no Distrito Federal, e estende suas atividades a cerca de 2 mil municípios, oferecendo cursos em suas 519 unidades próprias, nas empresas e também nas 58 carretas e na barca do Programa Senac Móvel, que chega aos mais distantes pontos do país.

Dentre suas muitas ações educacionais destacam-se os convênios e parcerias com instituições públicas e privadas para a promoção de programas socioprofissionais, por meio de cursos para o Menor Aprendiz, ações de Educação Inclusiva e projetos de Educação para o Trabalho e a Cidadania.

Para nos conhecer melhor, procure o Senac mais próximo ou visite o site www.senac.br

Acre
Rua Alvorada, 777 – Bosque
CEP 69909-380 Rio Branco, AC
Tels. (68) 211-3006/211-3005
Fax: (68) 211-3003
www.ac.senac.br

Alagoas
Rua Pedro Paulino, 77 – Poço
CEP 57025-340 Maceió, AL
Tels. (82)216-7800/221-7294
Fax: (82) 221-7294
www.al.senac.br

Amapá
Av. Henrique Galúcio, 1.999 – Santa Rita
CEP 68900-170 Macapá, AP
Tels. (96) 214-4101/223-9916
Fax: (96) 214-4102
www.ap.senac.br

Amazonas
Av. Djalma Batista, 2.507 – Chapada
CEP 69050-010 Manaus, AM
Tel. (92) 216-5740
Fax: (92) 216-5747
www.am.senac.br

Bahia
Av. Tancredo Neves, 1.109 – 10º andar
Casa do Comércio – Pituba
CEP 41820-021 Salvador, BA
Tels. (71) 273-9702/273-9701
Fax: (71) 273-9722
www.ba.senac.br

Ceará
Av. Tristão Gonçalves, 1.245 – Centro
CEP 60015-002 Fortaleza, CE
Tels. (85) 452-7013/452-7000
Fax: (85) 452-7054
www.ce.senac.br

Distrito Federal
Quadra 2, Bloco C, 227
Edifício Presidente Dutra – Setor Comercial Sul
CEP 70300-500 Brasília, DF
Tels. (61) 313-8800/321-4224
Fax: (61) 313-8803
www.df.senac.br

Espírito Santo
Rua Amenophis de Assis, 255 – Bento Ferreira
CEP 29050-630 Vitória, ES
Tel. (27) 3225-1748
Telefax: (27) 3325-8222
www.es.senac.br

Goiás
Rua 31-A, 43 Setor Aeroporto
CEP 74075-470 Goiânia, GO
Tel. (62) 219-5108
Fax: (62) 219-5194
www.go.senac.br

Maranhão
Rua do Passeio, 495 – Centro
CEP 65015-370 São Luís, MA
Tels. (98) 231-2044/231-4443
Fax: (98) 222-5737
www.ma.senac.br

Mato Grosso
Rua Jessé Pinto Freire, 171 – Centro
CEP 78020-090 Cuiabá, MT
Tels. (65) 624-0414/614-2400
Fax: (65) 614-2408
www.mt.senac.br

Mato Grosso do Sul
Rua 26 de Agosto, 835 – Centro
CEP 79002-080 Campo Grande, MS
Tels. (67) 312-6250/312-6212
Fax: (67) 312-6254
www.ms.senac.br

Minas Gerais
Rua Tupinambás, 1.086, 5º andar – Centro
CEP 30120-910 Belo Horizonte, MG
Tel. (31) 3278-4872
Fax: (31) 3278-4874
www.mg.senac.br

Pará
Av. Assis de Vasconcelos, 359 – Comércio
CEP 66010-010 Belém, PA
Tels. (91) 224-7998/223-9824
Fax: (91) 224-7799
www.pa.senac.br

Paraíba
Rua Desembargador Souto Maior, 291 – Centro
CEP 58013-190 João Pessoa, PB
Tels. (83) 208-3169/208-3100
Fax: (83) 222-4221
www.pb.senac.br

Paraná
Rua André de Barros, 750 – Centro
CEP 80010-080 Curitiba, PR
Tels. (41) 219-4700/219-4705
Fax: (41) 219-4715
www.pr.senac.br

Pernambuco
Av. Visconde de Suassuna, 500 – Santo Amaro
CEP 50050-540 Recife, PE
Tels. (81) 3413-6666/3423-7638
Fax: (81) 3423-1851
www.pe.senac.br

Piauí
Av. Campos Sales, 1.111 – Centro
CEP 64000-300 Teresina, PI
Tels. (86) 221-7060/221-4427
Fax: (86) 221-4468
www.pi.senac.br

Rio de Janeiro
Rua Marquês de Abrantes, 99 – Flamengo
CEP 22230-060 Rio de Janeiro, RJ
Tels. (21) 3138-1070/3138-1115
Fax: (21) 3138-1379
www.rj.senac.br

Rio Grande do Norte
Rua São Tomé, 444 – Cidade Alta
CEP 59025-030 Natal, RN
Tels. (84) 211-5556/211-5874
Fax: (84) 221-2684
www.rn.senac.br

Rio Grande do Sul
Av. Alberto Bins, 665, 12º andar – Centro
CEP 90010-350 Porto Alegre, RS
Tels. (51) 3284-1900/3284-1903
Fax: (51) 3284-1904
www.senacrs.com.br

Rondônia
Av. Farquar, 2.844 – Olaria
CEP 78904-660 Porto Velho, RO
Tels. (69) 229-6058/229-2050
Fax: (69) 229-2025
www.ro.senac.br

Roraima
Av. Major Williams, 2.036 – Centro
CEP 69301-110 Boa Vista, RR
Tel. (95) 623-1910
Fax: (95) 623-1690
www.rr.senac.br

Santa Catarina
Rua Felipe Schmidt, 785
Ed. Haroldo S. Glavan - 6º e 7º andares
CEP 88010-002 Florianópolis, SC
Tel. (48) 251-0501
Fax: (48) 251-0515
www.sc.senac.br

São Paulo
Rua Doutor Vila Nova, 228 – 7º andar – Vila
Buarque
CEP 01222-903 São Paulo, SP
Tels. (11) 3236-2000/3256-6266
Fax: (11) 3107-7976
www.sp.senac.br

Sergipe
Av. Ivo do Prado, 564 – Centro
CEP 49015-070 Aracaju, SE
Tels. (79) 212-1501/212-1560
Fax: (79) 214-0420
www.se.senac.br

Tocantins
Av. 13 – AANO 20 – conjunto 3 – lotes 3 e 4
CEP 77010-010 Palmas, TO
Tels. (63) 219-1600/219-1631
Fax: (63) 219-1630
www.to.senac.br

Representantes comerciais

Editora Senac Rio de Janeiro
Av. Franklin Roosevelt, 126 – 6º andar – Castelo
CEP 20021-120 Rio de Janeiro - RJ
Tel. (21) 2240-2045
Fax: (21) 2240-9656
e-mail: editora@rj.senac. br

Editora Senac São Paulo
Rua Rui Barbosa, 377 – 1º andar – Bela Vista
CEP 01326-010 São Paulo – SP
Tel. (11) 3284-4322
Fax: (11) 289-9634
e-mail: eds@sp.senac.br